Pictorial Tour through

GREECE

ΕΛΛΑΔΑ / GRECE / GRIECHENLAND

Ziethen Verlag

ZIETHEN - PANORAMA EDITIONS

© Copyright by
ZIETHEN-PANORAMA VERLAG
53902 Bad Münstereifel, Flurweg 15
Telefon: 0 22 53 / 60 47

2. Auflage 1994

Redaktion und Gestaltung: Horst Ziethen
Text und redaktionelle Beratung: Bert Teklenborg

Englische Übersetzung: Edith Szép
Französische Übersetzung: France Varry
Griechische Übersetzung: Giorgios Panitsas

Gesamtherstellung:
ZIETHEN-Farbdruckmedien GmbH
50999 Köln, Unter Buschweg 17

Printed in Germany

Farbaufnahmen	Seite
Fridmar Damm	9, 11, 12, 20, 25, 31, 34, 35, 36, 46, 56, 57, 58, 59, 60, 61, 62, 72,
Bert Teklenborg	5 (3), 22, 23, 26, 27, 28, 29, 32, 33, 44, 47
The Image Bank	5 (2), 18, 21, 30, 38, 39, 63
Bildarchiv Huber	Titel, 5 (1), 15, 50 u. Rücktitel, 51, 65, 66, 70
Bildarchiv Helga Lade	6/7, 42, 43, 52, 53, 69
Wolfgang Krammisch	16, 17, 45, 48
Renate Scheiper	10, 19, 64
Roland E. Jung	40, 41
Karl Welbers	54, 55
Bildarchiv Mauritius	24, 67
Horst Ziethen	13, 14
Archiv Bilderberg	68
Marco Schneiders	37
Gerold Jung	71
Günter Spitzing	8

Vorsatz: Ausschnitt aus: „Das große Europa Panorama"
© Mairs Geographischer Verlag / Studio Berann Vielkind

Nachsatz: Archiv, Ziethen-Panorama Verlag

FARBBILD-REISE GRIECHENLAND

„Wenn Du mir dies zeigst, wirst Du mir die vollständige Tour gegeben haben." Lukian (2.Jh.n.Chr.)

Kalimera - sind Sie auch Griechenland-Fan und wenn ja, wissen Sie noch, wann diese Liebe begann? Vielleicht haben Sie irgendwann einmal eine Buspauschalreise oder einen Last-Minute-Flug dorthin gebucht und dabei festgestellt, daß HELLAS sich in vielem recht positiv von anderen Ländern Südeuropas unterscheidet. Von dieser Erkenntnis ist es nur noch ein kleiner Schritt bis zu dem Entschluß, Griechenland „auf eigene Faust" zu bereisen, sei es mit dem Camper oder Fahrrad, wandernd oder per Schiff.

Und dann beginnt die Entdeckung eines Landes, das trotz unzähliger Berichte und Erzählungen so manches vorenthält, was nur Sie selbst aus eigenem Erleben erfahren können. Hierzu gehören die springenden Delphine des Ionischen Meeres, die das Schiff auf der Fahrt nach Patras begleiten, ebenso wie die Zeit vor Sonnenuntergang auf dem Tempelfelsen der Akropolis, wenn der Lärm der Hauptstadt eine Atempause einlegt. Es gibt viele Orte in Griechenland, die Ihnen für immer im Gedächtnis bleiben werden.

Wir möchten Sie einladen zu einer Farbbild-Reise. Die begleitenden Texte informieren insbesondere über die geschichtlichen Hintergründe. Doch darüber hinaus erhalten Sie aktuelle Tips für die individuelle Gestaltung Ihrer Reiseroute, so daß diese Farbbild-Reise nach der richtigen Einstimmung auf Griechenland zu einem praktischen Reiseführer avanciert.

Wir starten in Athen; der erste Teil des Bildbandes zeigt die klassisch-griechischen Stätten des Peloponnes und die Schönheit Nordgriechenlands, das ganz umrundet wird.

Giá sas –
Auf Wiedersehen auf den Inseln.

A PICTORIAL JOURNEY THROUGH GREECE

"When you have shown me this, you will have given me the complete tour." (Lukian - 2nd century)

Kalimera - are you a Grecophile and if so, can you recall when this love affair began? Perhaps you took a cheap coach trip or booked a last minute flight and discovered just how HELLAS was so very different from other southern European countries. Recognising this is but a small step away from deciding to discover Greece in your very own way, be it by camper or bicycle, on foot or by ship.

The true discovery of everything this country has to offer begins at that point; it comes from your own experiences, rather than from reports and stories that you might have heard: e.g. the leaping dolphins of the Ionian Sea, accompanying ships on their passage to Patras, or that time just before sunset on the Acropolis, when the city pauses for breath and the noise temporarily abates. There are many places in Greece which will live forever in your memory.

Join us on a colourful photographic journey; the accompanying text will inform your tour through Greece and provide invaluable historical background. You will get some useful tips to help you arrange your own tour and have a practical guidebook which will give you a true flavour of the real Greece.

We begin in Athens. The first part of this guidebook takes you through the classical Greek towns of the Peloponnese and the beauty of northern Greece.

Giá sas –
See you on the Greek islands.

VOYAGE EN COULEUR A TRAVERS LA GRECE

«Si tu me montres cela, tu m'auras tout donné.» Lukian (2e siècle après Jésus-Christ)

Kalimera. Etes-vous aussi un amoureux de la Grèce, et si vous l'êtes, quand a commencé cette passion? Peut-être y êtes-vous parti un jour en voyage organisé ou vous avez pris un vol de dernière minute et constaté que HELLAS se distingue par bien des choses positives, des autres pays de l'Europe du Sud. A partir de cette découverte, il n'y a qu'un petit pas à franchir pour décider d'explorer la Grèce de son propre chef, en caravane ou à bicyclette, à pied ou en bateau.

L'aventure commence alors à travers un pays décrit et raconté d'innombrables fois, mais qui ne se livre complètement dans aucun récit. Il faut en faire l'expérience soi-même. Il faut voir les dauphins de la mer Ionienne qui bondissent autour des bateaux en les accompagnant jusqu'à Patras. Il faut être là, juste avant que le soleil ne se couche sur le rocher de l'Acropole, à l'heure où le bruit de la capitale s'éteint pour un bref moment. Il y a tant de lieux en Grèce qui restent à jamais gravés dans la mémoire.

Nous voulons vous inviter à un voyage en couleur à travers la Grèce. Les textes accompagnent les images, informent notamment sur l'Histoire du pays; ce qui est évident pour un haut lieu de l'Antiquité. Mais en outre, ils contiennent des renseignements actuels qui vous permettront de composer un parcours individuel. Ce livre ne donne pas seulement un avant-goût de la Grèce, il en est aussi un guide pratique.·

Nous commençons le voyage à Athènes; la première partie de l'ouvrage montre les lieux de la Grèce classique du Péloponnèse et les beautés de toute la Grèce du Nord.

Giá sas –
à bientôt sur les îles.

ΕΙΚΟΝΟΓΡΑΦΗΜΕΝΟ ΤΑΞΙΔΙ ΣΤΗΝ ΕΛΛΑΔΑ

"Οταν μου το δείξεις αυτό, θα έχω μια ολοκληρωμένη εικόνα". (Λουκιανός, 2ος αιών μ.χ.)

Καλημέρα -Αγαπάτε πραγματικά την Ελλάδα; Αν ναι , ξέρετε από που ξεκίνησε αυτή η αγάπη; Ίσως να κάνατε κάποτε ένα ταξίδι με λεωφορείο ή να πετάξατε παν' απ' τη Χώρα, διαπιστώνοντας έτσι, πως η Ελλάδα διαφέρει πολύ από τις άλλες της Νοτίου Ευρώπης. Μετά την εμπειρία αυτή, δεν απομένει, παρά ένα μικρό πια βήμα, μέχρι ν' αποφασίσετε να ταξιδέψετε μόνοι σ' αυτήν διαλέγοντας κάμπιγκ, ποδήλατο, πεζοπορία ή καράβι.

''Έτσι αρχίζει η ανακάλυψη μιας Χώρας, που παρ' όλες τις αμέτρητες εξιστορήσεις και, διηγήσεις, κρύβει κάτι, που μόνο με τη δική σας εμπειρία θα ανακαλύψετε! Εδώ συναντάμε π.χ τα δελφίνια στο Ιόνιο που συνοδεύουν τα ταξίδια των καραβιών στην Πάτρα, τη στιγμή που δύει ο ήλιος πίσω από τον Παρθενώνα όταν η πρωτεύουσα πάει να πάρει μια ανάσα. Υπάρχουν πολλές τοποθεσίες στην Ελλάδα που θα σας μείνουν αξέχαστες!

Σας προσκαλούμε λοιπόν σ' ένα φωτεινό οδοιπορικό. Τα κείμενα που ακολουθούν, σας κατατοπίζουν πως θα μπορέσετε εκτός από μιά μόνο βόλτα, να ζήσετε κάτι διαφορετικό στην Ελλάδα και ιδιαίτερα κάτι που σχετίζεται με την ιστορία της. Στη συνέχεια θα σας δοθούν οδηγίες για να διοργανώσετε την εκδρομή σας, έτσι που το εικονογραφημένο αυτό ταξίδι να γίνει συγχρόνως και ένας πρακτικός οδηγός.

Ξεκινάμε από την Αθήνα. Το πρώτο μέρος του οδοιπορικού παρουσιάζει τους κλασσικούς ελληνικούς χώρους Πελοποννήσου και Β. Ελλάδας που θα επισκεφθούμε.

Γειά σας –
Καλή αντάμωση στα νησιά.

Von o.l. nach u.r.: Parthenon (480 v.Chr.), bedeutendster Tempel der Antike; Erechtheion mit Korenhalle (421 v.Chr.); Tempel des Hephaistos (Theseion, 445 v.Chr.); Olympieion, Tempel des olympischen Zeus, im 6. Jh.v.Chr. begonnen und 138 n.Chr. fertiggestellt; Odeion des Herodes Atticus am Westhang der Akropolis (160 n.Chr.); Turm der Winde mit Reliefs der 8 griechischen Windgötter (1. Jh.v. Chr.).

The Parthenon (480 B.C.), the most important Temple of antiquity; the Erectheion and Halls (421 B.C.); the Temple of Hephaistos (Theseion, 445 B.C.); the Olympieion, the temple of the Olympic god Zeus, begun in the 6th century B.C. and completed in 138 A.D.; the Odeion of Herodes Atticus on the western slopes of the Acropolis (160 A.D.); Tower of the Winds, with bas-reliefs of the 8 Greek wind gods (1st cent. B.C.).

Parthénon (480 av.J.-C.). Erechtheion avec Hall de Koren (421 av. J.-C.). Temple de Hephaistos (Theseion, 445 av. J.-C.). Olympie, temple de Zeus, commencé au 6e. s. av. J.- C., achevé 138 apr. J.-C.). Odeion de Herodes Atticus sur versant ouest de l'Acropole (160 apr. J.-C.); Tour des Vents avec reliefs des 8 dieux grecs des vents (1. s. av. J.-C.).

Ο Παρθενώνας (480 π.χ) ο σπουδαιότερος ναός της αρχαιότητας. Το Ερέχθειο με τις Καρυάτιδες (421 π.χ.). Ακολουθεί ο ναός του Ηφαίστου (Θησείο, 445 π.χ). Το Ολύμπιον, ναός επίσης του Ολ. Δία που άρχισε τον 6ο π.χ αιώνα και τελείωσε το 138 μ.χ.). Το Ωδείο του Ηρ. του Αττικού στη Δυτική πλευρά της Ακρόπολης (160 μ.χ). Οι Αέρηδες με ανάγλυφες παραστάσεις των 8 ελλ. Θεών των ανέμων (1ος π.χ αιών).

Am Beginn unserer Farbbild-Reise steht die Hauptstadt Athen; vom ruhmreichsten Platz der Antike, dem Burgfelsen der Akropolis, haben Sie einen überwältigenden Ausblick auf die Dreimillionen-Stadt bis hin zum Hafen von Piräus. Vor dem Nordhang beginnt die Plaka, die Altstadt Athens, mit Läden vollgestopft mit Souvenirs und „Antiquitäten".

The capital Athens is the starting point of our pictorial journey. From the most famous place in antiquity, the hills of the Acropolis, you have a most impressive view over this city of three million inhabitants, across to the harbour of Piraeus. In front of the north face lies the Plaka, the old town of Athens, its shops crammed with souvenirs and «antiques».

Notre voyage commence à Athènes. Depuis le rocher de l'Acropole, le plus célèbre lieu de l'Antiquité, on a une vue grandiose sur la capitale de 3 millions d'habitants jusqu'au port du Pirée. Devant le versant nord commence la Plaka, la vieille ville d'Athènes, où abondent les boutiques de souvenirs et «d'antiquités».

Στην αρχή του εικονογραφημένου ταξιδιού βρίσκεται η Αθήνα. Από το πλεονεκτηκότερο σημείο της αρχαιότητας την Ακρόπολη επάνω, βλέπετε την πόλη των τριών εκατομμυρίων μέχρι το λιμάνι του Πειραιά. Μια μοναδική θέα. Στην βόρεια πλευρά αρχίζει η Πλάκα, η παλαιά πόλη της Αθήνας, με μαγαζιά φορτωμένα από αναμνηστικά με αντίκες.

Über den Flohmarkt am Monastiraki und den Odos Athinas kommen Sie nach wenigen Minuten zur Kendriki Agora, dem "Bauch von Athen": Hallen mit unzähligen Verkaufsständen für Fische, Fleisch, Gemüse und Spezereien – eine wahre Augenweide. Der Hafen Piräus war seit dem 5. Jh.v.Chr. der Athener Kriegshafen und durch zwei Lange Mauern (8 km) mit der Stadt verbunden.

A few minutes away from the Flea Market at Monastiraki and the Odos Athinas lies Kendriki Agora, the "Belly of Athens": market halls with countless stalls selling fish, meat, vegetables and delicacies – a real feast for the eyes. Piraeus has been the defence harbour of Athens since the 5th century B.C., connected to the city by two long 8 kilometre walls.

Par le marché aux puces au Monastiraki et l'Odos Athinas, vous êtes en quelques minutes à Kendriki Agora, le «ventre d'Athènes»: des halles remplies d'étals de poissons, viandes, légumes, fruits, un véritable plaisir des yeux. Le Pirée était le port de guerre d'Athènes depuis le 5e s. av. J.-C., relié à la ville par deux longs murs de 8 km.

Από το παζάρι στο Μοναστηράκι και την Αθηνάς, φτάνετε σε λίγο στην κεντρική αγορά, "το στομάχι της Αθήνας". Στοές με αμέτρητους πάγκους γεμάτους ψάρια, κρέατα, λαχανικά και μπαχαρικά που χορταίνει το μάτι βλέποντας τα. Ο Πειραιάς από το 5 π.χ αιώνα, ήταν το ορμητήριο της Αθήνας, συνδεόμενος με την πόλη με δυο τείχη, μήκους 8 χιλιο/τρων.

Die Schnellstraße an der Bucht von Salamis führt zum Isthmos von Korinth. Hier gab es bereits in der Antike eine Rollenbahn für Schiffe, die über die Landenge zwischen dem Saronischen und Korinthischen Golf gezogen wurden. Der Kanal von Korinth wurde im Jahre 1893 fertiggestellt; er ist 6 km lang, 23 m breit und bis zu 80 m tief ins Gelände eingeschnitten.

The expressway along the Bay of Salamis leads to the Isthmus of Corinth. In ancient times there was a slipway with runners for ships, which were pulled across this narrow strip of land between the Saronic and Corinthian Gulfs. The Corinth Canal was finished in 1893: it is 6 km. long, 23 m. wide and is cut 80 m. deep into the hillsides.

L'autoroute le long de la baie de Salamis mène à l'isthme de Corinthe. Dans l'antiquité, il existait déjà une voie roulante pour les bateaux que l'on tirait sur l'étroite languette de terre entre les golfes d'Egine et Corinthe. Le canal de Corinthe, achevé en 1893, a 6 km de longueur, 23 mètres de largeur et jusqu'à 80 mètres de profondeur.

Η Εθνική Οδός στον Κόλπο της Σαλαμίνας οδηγεί στον Ισθμό. Απο την αρχαιότητα εδώ υπήρχε μια τροχαλία, με την οποία τραβούσαν τα καράβια πάνω απ' το κανάλι μεταξύ Σαρωνικού και Κορινθιακού κόλπου. Ο Ισθμός της Κορίνθου τέλειωσε το 1893. Έχει 6 χιλιομ. μήκος και 23 μ. πλάτος και είναι σκαμμένος μέχρι 80 μ. βάθος.

Korinth, bedeutende Stadt und Handelsmetropole der Antike, wurde von den Römern 146 v.Chr. total zerstört. An der Nordseite der Agora, auf dem höchsten Punkt von Alt-Korinth, stehen noch sieben von ursprünglich 38 Säulen des dorischen Apollon-Tempels aus dem 6. Jh.v.Chr. Ein phantastischer Ausblick auf die Landschaft des Isthmos und den Golf bietet sich vom 574 m hohen Akrokorinth.

Corinth, an important city and trade centre of antiquity, was completely destroyed by the Romans in 146 B.C. On the northern side of the Agora, at the highest point of ancient Corinth, stand the remaining 7 of the 38 columns of the Doric Temple of Apollo, dating from the 6th century B.C. The Akrokorinth, at a height of 574 metres, affords a fantastic view across the landscape of the Isthmus and the Gulf.

En 146 av. J.-C., les Romains ont entièrement détruit Corinthe, ville marchande importante de l'Antiquité. Sur le côté nord de l'Agora, le point culminant de l'ancienne-Corinthe, se dressent encore 7 des 38 colonnes du temple dorique d'Apollon datant du 6e. s. av. J.-C.. Une vue merveilleuse sur l'isthme et le golfe s'offre depuis l'Acrocorinthe haut de 574 mètres.

Η Κόρινθος σπουδαιότερη πόλη και εμπορικό κέντρο της αρχαιότητας καταστράφηκε ολοσχερώς από τους Ρωμαίουςτο 146π.χ. Στη βόρεια πλευρά της αγοράς,στο υψηλότερο σημείο της Αρχαίας Κορίνθου, απόμειναν επτά κίονες από τους τριανταοκτώ του Δωρικού Ναού του Απόλλωνα, χρονολογούμενοι από τον 6ο π.χ αιώνα. Από το ύψος των 574 μέτρων της Ακροκορίνθου, προσφέρεται μία θαυμάσια θέα αντίπερα στο τοπίο του Ισθμού.

Löwentor von Mykene

Mit der Burg von Mykene beginnt die griechische Frühgeschichte. Nach 1800 v.Chr. war sie Sitz des sagenhaften Königsgeschlechts der Atriden; von hier aus startete Agamemnon nach Troja (Ilias/Homer). Im Bericht des Pausanias über die Ruinen hinter dem Löwentor fand Heinrich Schliemann 1876 den entscheidenden Hinweis zur Entdeckung von 6 antiken Gräbern mit goldenen Totenmasken.

Lion's Gate at Mycenae

Grecian prehistory begins with the Castle of Mycenae. From 1800 B.C. onwards it was the seat of the incredible lineage of the Atridean kings. Agamemnon set of from here for Troy (The Iliad, Homer). In the reports of Pausanias on the ruins behind the Lion's Gate, Heinrich Schliemann in 1876 found the decisive clues to the discovery of 6 ancient tombs with their golden death masks.

Porte des Lionnes de Mycènes

L'histoire ancienne grecque commence au fort de Mycènes, siège des rois Atrides légendaires après 1800 av. J.-C. et lieu de départ d'Agamemnon pour Troie (Iliade/Homère). En 1876, Heinrich Schliemann trouva le renseignement capital permettant la découverte de 6 tombeaux antiques dans un récit des Pausanias, évoquant les vestiges situés derrière la Porte des Lionnes.

Η Πύλη των Λεόντων στις Μυκήνες

Με το φρούριο των Μυκηνών αρχίζει η ελληνική προϊστορία.
Μετά το 1800 π.x ήταν η έδρα του Μυθικού Βασιλικού γένους των Ατριδών. Απ' εδώ ξεκίνησε ο Αγαμέμνων για την Τροία κατά τον 'Ομηρο. Στην περιγραφή του Παυσανία σχετικά με τα ερείπια πίσω από την Πύλη των Λεόντων, βρήκε ο Ερρίκος Σλίμαν το 1876 την αποφασιστική κατεύθυνση για την ανακάλυψη των έξι αρχαίων τάφων με τα χρυσά εκμαγεία.

Besuchen Sie die klassischen Stätten möglichst am frühen Morgen oder spätnachmittags; nur dann können Sie die heilende Ruhe des Asklepion-Heiligtums in Epidauros ungestört auf sich wirken lassen. Das Theater aus dem 4. Jh. v.Chr. bietet 14 000 Zuschauern Platz. Die der argolischen Küste vorgelagerte Insel Hydra mit ihrem malerischen Hafen hat sich zu einer Künstlerkolonie entwickelt.

It is best to visit the classical cities and towns in the early morning or late afternoon; only then can the quiet of the Asklepion Shrine in Epidaurus work its healing magic on you undisturbed. The Theatre, dating from the 4th century B.C., can seat 14 000 spectators. The island of Hydra, with its colourful harbour, has become something of an artist's colony.

Visitez plutôt les lieux antiques le matin de bonne heure ou en fin d'après-midi; ce sont les heures où l'on sent vraiment les vertus curatives de la paix du sanctuaire d'Asklepion à Epidauros. L'amphithéâtre du 4e s. av. J.-C. peut contenir 14 000 spectateurs. L'île au port pittoresque, devant la côte d'Argolide, est devenue une colonie d'artistes.

Επισκεφθείτε τους αρχαιολογικούς χώρους καλύτερα το πρωί ή αργά το απόγευμα, μόνο τότε ανενόχλητοι θα απολαύσετε την ηρεμία του ιερού του Ασκληπιού στην Επίδαυρο νοιώθοντας μια εσωτερική γαλήνη.Το θέατρο από το 4ο π.χ αιώνα, προσφέρει 14 000 θέσεις στους θεατές. Το νησί της Ύδρας με το γραφικό του λιμάνι στις αργολικές ακτές, έχει γίνει στέκι καλλιτεχνών.

Wählen Sie für die Weiterfahrt die Küstenstraße zum reizvollen Leonidion und von dort hinauf in die rauhe Berglandschaft Südarkadiens. Von Sparta, der ruhmreichen Stadt der Lakedaimonier, ist so gut wie nichts übriggeblieben. Aus der fränkischen Burg Mistra wurde im 14. Jh. einer der wichtigsten Orte byzantinischen Geistes. Geblieben ist eine sehenswerte Ruinenstadt mit Kirchen und Klöstern.

The coast road to the delightful Leonidon is a good choice for your onward journey, leading you high into the mountainous landscape of South Arcadia. Virtually nothing now remains of Sparta, the famous city of the Lakedamonians. The Castle of Mistra became one of the most important Byzantine spiritual centres. What remains today is an interesting city of ruins, with churches and monasteries.

Continuez votre trajet sur la route côtière jusqu'à l'adorable Leonidion, et de là, dans le paysage sauvage de l'Arcadie du Sud. Il ne reste presque rien de Sparte, la ville célèbre des Lacédémoniens. Le fort franc de Mistra est devenu un des principaux lieux de l'esprit byzantin au 14e siècle. Il est aujourd'hui un site intéressant avec églises et monastères.

Στη συνέχεια του ταξιδιού σας, προτιμείστε τον παραλιακό δρόμο προς το πανέμορφο Λεωνίδειο και απ' εκεί ανεβείτε στα ορεινά της Νότιας Αρκαδίας. Απ' τη δοξασμένη Σπάρτη των Λακεδαιμονίων δεν έχει απομείνει τίποτε. Το Φραγκόκαστρο του Μυστρά υπήρξε τον 14ο αιώνα ένα σπουδαιότατο κέντρο βυζαντινού πνεύματος. Ό,τι απόμεινε,αποτελεί μια αξιοθέατη ερειπωμένη πόλη με εκκλησίες και μοναστήρια.

Von Sparta nehmen Sie den gleichen Weg zum Lakonischen Golf, den schon Paris nahm, als er Helena raubte, um sie nach Troja zu entführen. Die Folgen sind bekannt. Von Githion fahren, wenn das Wetter es erlaubt, Schiffe über Kythera nach Kissamos auf Kreta. An Tagen mit Fährbetrieb herrscht reges Leben im Hafen. Die Tavernen bieten Ihnen zum Ouzo als Spezialität Kostproben vom köstlichen Oktopus.

From Sparta, take the same road to the Laconian Gulf, which Paris took when he kidnapped Helen and made off with her to Troy. The consequences are well known. Weather permitting, ships ply from Githion via Kythera to Kissamos on Crete. On days when ferries are running, the harbour is a hive of activity. Tavernas offer ouzo to accompany costly octopus, a local delicacy.

De Sparte, suivez la route du golfe de Laconie que Páris prit pour enlever Hélène et l'amener à Troie, avec les conséquences que l'on sait. Quand le temps le permet, des bateaux partent de Githion vers Cythère et Kissamos sur Crète. Le port est alors très animé. Dans ses tavernes, il faut goûter des spécialités délicieuses comme le poulpe, accompagné d'ouzo.

Από Σπάρτη, ακολουθείστε τον ίδιο δρόμο προς τον Λακωνικό Κόλπο, τον παρόμοιο που πήρε και ο Πάρης όταν έκλεψε την ωραία Ελένη να την πάει στην Τροία. Ξεκινήστε από Γύθειο, αν ο καιρός το επιτρέπει με πλοία, μέσω Κηθύρων προς Κίσσαμο στην Κρήτη. Κατά τους απόπλους η κίνηση στο λιμάνι είναι μεγάλη. Οι ταβέρνες σας προσφέρουν ούζο και εκλεχτό χταπόδι.

Schon von weitem sehen Sie den 300 m hohen Felsklotz von Monemvasia steil aus dem Meer ragen. Ein Damm verbindet die alte Stadt am Südhang des Felsens mit dem Festland. Hinter dem Tor der Stadtmauer führen enge Gassen zu den wenigen bewohnten Häusern. Von hier bis zur Südspitze des in der antiken Seefahrt gefürchteten Kap Malea sind es noch gut 70 km.

The 300 metre high hump of Monemvasia is visible from quite a distance, rising steeply from the sea. A steep embankment links the old town on the southern slope of the hill with the mainland. Behind the gates of the city walls, narrow alleys lead to the few inhabited houses. It is some 70 kilometre from here to the southern tip of Cape Malea, feared by mariners in ancient times.

De loin, vous pouvez voir le rocher de Monemvasia, haut de 300 mètres, se dresser sur la mer. Une digue relie la vieille-ville sur le versant sud du rocher à la terre ferme. Derrière la porte de l'enceinte, des ruelles étroites mènent aux rares maisons habitées. D'ici, il y a encore 70 km jusqu'à la pointe sud du cap Maléa, très craint des marins dans l'Antiquité.

Από 300 μ. ήδη μακρυά, βλέπετε τον βράχο της Μονεμβασίας να ξεπροβάλλει απο τη θάλασσα. Μια προβλήτα συνδέει την παλιά πόλη στα νότια του βράχου με την ξηρά. Πίσω από την Πύλη των Τοιχών στενόδρομοι οδηγούν στα ολιγοκατοικημένα σπίτια. Από ΄δω μέχρι τη νότια άκρη του τρομερού και από τα παλιά χρόνια κάβου Μαλέα, είναι περίπου 70 χιλ/τρα.

Die kargen Gipfel des Sangias werfen ihre harten Schatten auf die meist verlassenen Wohntürme der Mani. Bunte Häuser umrahmen den kleinen Hafen von Gerolimenas, wo in der Taverne das „Topfgucken" noch erlaubt ist. Wer es abenteuerlich mag, besucht die Tropfsteinhöhlen von Pirgos Dirou; den größten Teil des unterirdischen Rundkurses fährt man in kleinen Booten.

The barren hills of Sangia throw their solid shadows over the now largely uninhabited towers of Mani. Colourful houses ring the tiny harbour of Gerolimenas, where one is still allowed to peer into pots in the kitchens of tavernas. The adventurous can visit the limestone caves of Pirgos Dirou. Most of their subterranean network is visited in small boats.

Les sommets arides du Sangia jettent leurs ombres austères sur les habitations pour la plupart abandonnées de Mani. Des maisons colorées entourent le petit port de Géroliménas où les tavernes ouvrent encore leurs cuisines aux visiteurs. La visite des grottes de Pyrgos Dirou est très aventureuse; le parcours souterrain s'effectue dans des petits bateaux.

Οι κορφές του Σαγία ρίχνουν τη σκιά τους στα σχεδόν παρατημένα λιθόσπιτα της Μάνης. Πολύχρωμα σπίτια πλαισιώνουν το μικρό λιμάνι του Γερολιμένα, που στην ταβέρνα, μια ματιά στην κατσα-ρόλα είναι ακόμα επιτρεπτή. Σ' όποιον αρέσει η περιπέτεια, επισκέπτεται την σπηλιά του Διρού. Το μεγαλύτερο μέρος της υπόγειας διαδρομής γίνεται με βάρκες.

Die Reise geht weiter am steilen Westhang des Taigetos entlang auf der Straße nach Kalamata, hoch über dem Ionischen Meer und mit weitem Blick über den Messenischen Golf. Unser nächstes Ziel ist Olympia; zwischen Kiparissia und Pirgos können Sie sich an einem der kilometerlangen Sandstrände von der bisher doch sehr anspruchsvollen Reise ausruhen.

Our journey takes us along the western slopes of the Taigetos, on the road to Kalamata, high above the Ionian Sea, with far reaching views over the Messenian Gulf. Our next destination is Olympia. Between Kiparissia and Pirgos, you can relax on mile-long sandy beaches and recover from your taxing journey.

Le voyage se poursuit sur le versant ouest abrupt du Taigetos, le long de la route de Kalamata qui domine la mer ionienne et le golfe de Messénie. Notre prochaine étape est Olympe. Mais avant, on peut se reposer du parcours jusqu'ici assez fatigant sur une des plages de sable qui s'étendent sur des kilomètres entre Kiparissia et Pyrgos.

Το ταξίδι συνεχίζεται στις απόκρημνες πλαγιές δυτικά του Ταΰγετου, στο δρόμο προς Καλαμάτα ψηλά πάνω απ' τη θάλασσα με θέα τον Μεσσηνιακό κόλπο. Μετά οδεύουμε για Ολυμπία. Μεταξύ Κυπαρισσίας και Πύργου μπορείτε μετά να ξεκουραστείτε σε μια από τις απέραντες αμμουδιές.

Das Rauschen der Brandung des Ionischen Meeres noch im Ohr, empfängt Sie wenig später die Stille der Altis von Olympia, dem heiligen Ort der Hera und des olympischen Zeus. In seinem Tempel stand das über 12 m hohe Götterstandbild des Phidias aus purem Gold und Elfenbein, ein Weltwunder der Antike. Die ersten Spiele des Altertums fanden 776 v.Chr., dem Beginn der griechischen Zeitrechnung, statt.

With the roaring of the surf from the Ionian Sea still in your ears, you will soon be met by the silence of the heights of Olympia, of the holy place of Hera, and of the Olympic god Zeus. In his temple stood the more than 12 metre high statue of Phidias, made from pure gold and ivory, a wonder of the world in ancient times. The first ancient games were held here in 776 B.C., the beginning of the Greek calendar.

Les oreilles encore emplies du bruit des flots de la mer ionienne, vous savourez peu de temps après le calme de l'Altis d'Olympie, le lieu sacré d'Héra et Zeus. Dans son temple se dressait la statue du dieu, haute de 12 m., en or et ivoire, une des merveilles de l'Antiquité, oeuvre de Phidias. Les premiers jeux de l'Antiquité eurent lieu en 776 av. J.-C., début du calendrier grec.

Μετά το άσμα του Ιονίου, σας υποδέχεται η γαλήνη της Άλτης στην Ολυμπία, ο ιερός τόπος της Ήρας και του Ολύμπιου Δία. Μέσα στο ναό στεκόταν, μεγαλόπρεπο το θεοπρεπές άγαλμα του, ύψους 12 μέτρων. Έργο του Φειδία από χρυσό και ελεφαντόδοντο. Ένα από τα θαύματα του κόσμου. Οι πρώτοι αγώνες της αρχαιότητας έγιναν το 776 π.χ όταν άρχισε να μετριέται και ο χρόνος στην Ελλάδα.

Im neuen Museum sehen Sie u.a. die Rekonstruktion der Giebelfriese und Marmorplastiken des Zeustempels sowie die vollendet schöne Hermesstatue des Praxiteles aus dem 4. Jh.v. Chr. Seit 1896 wird für die Spiele der Neuzeit alle vier Jahre vor dem Tempel der Hera das olympische Feuer entzündet. Falls Sie einen Abstecher zur Insel Zakinthos planen, in Killini wartet schon die Fähre.

The new museum holds, amongst other things, the rebuilt pediment frieze and the marble statues of the Temple of Zeus, along with the sublime statue of Hermes by Praxiteles, dating from the 4th century B.C. Since 1896, the Olympic flame has been lit here every four years in front of the Temple of Hera for the modern games. Should you be planning an excursion to the island of Zakinthos, the ferry awaits you in Killini.

Le nouveau musée renferme la reconstitution des frises du fronton et des statues en marbre du temple de Zeus, ainsi que l'admirable statue d'Hermès par Praxitèle du 4e s. av. J.-C.. Depuis 1896, la flamme olympique des jeux actuels est allumée tous les quatre ans devant le temple d'Héra. A Killini, des ferrys attendent pour vous conduire à l'île de Zakinthos.

Στο νέο μουσείο βλέπετε μεταξύ άλλων μαρμάρινα αετώματα και διαζώματα του ναού του Δία αναπαλαιωμένα, καθώς και το πανέμορφο άγαλμα του Πραξιτέλειου Ερμή από τον 4ο π.Χ αιώνα. Από το 1896 κάθε τέσσερα χρόνια μπροστά από το Ναό της Ήρας ανάβεται η φλόγα για τους αγώνες. Αποφασίσατε για ένα ταξιδάκι στη Ζάκυνθο; Τι κάθεστε; Το φέρρι στην Κυλλήνη, σας περιμένει!

Als berühmtester Seefahrer der Antike gilt Odysseus, König von Ithaka. Diese ionische Insel erreichen Sie mit dem Schiff von Zakinthos aus via Kefallinia. Vielleicht finden Sie aber auch einen Fischer, der Sie in den frühen Morgenstunden nach Ithaka fährt und mit ein wenig Phantasie erleben Sie die Abenteuer des „Listenreichen" noch einmal, bevor Sie Ihre Penelope wieder in die Arme schließt.

Odysseus, King of Ithaca, was the most famous seafarer of ancient times. This Ionian island can be reached by boat from Zakinthos via Kefallinia. Or you may find a fisherman to take you to Ithaca early in the morning. With a little bit of phantasy you can reenjoy the adventures of Odysseus until your own Penelope will hold you in her arms again.

Ulysse, roi d'Ithaque, est le marin le plus célèbre de la Grèce antique. Vous atteignez cette île ionienne en partant de Zakinthos via Kefallinia. Mais vous trouverez peut-être un pêcheur pour vous emmener directement à Ithaque aux petites heures du matin, et avec un peu d'imagination, vous revivrez la péripétie du «Rusé» avant qu'il ne soit réuni à Pénélope.

Σαν πιό γνωστός θαλασσινός της αρχαιότητας θεωρείται ο Οδυσσέας, ο βασιλιάς της Ιθάκης. Σ' αυτό το νησί του Ιονίου φθάνετε από τη Ζάκυνθο μέσω Κεφαλλονιάς. Ίσως βρείτε κάποιο ψαρά που θα σας μεταφέρει τις πρωϊνές ώρες στην Ιθάκη όπου με λίγη φαντασία θα ξαναζήσετε τις περιπέτειες του "πανούργου" πριν η Πηνελόπη σας κλείσει στην αγκαλιά της.

Wenn Sie mit dem Schiff von Italien kommen, sehen Sie Patras vor der Kulisse der fast 2000 Meter hohen und oft schneebedeckten Gipfel des Oros Panahaiko. Von der achaischen Stadtgründung des Patreus ist so gut wie nichts, vom römischen Patrae nur wenig übrig geblieben. Das mittelalterliche Kastell auf der Akropolis diente den Türken in den von Patras ausgehenden Befreiungskriegen als letzte Bastion.

When you arrive by ship from Italy, Patras lies before the 2000 m high often snow-bedecked summit of Oros Panahaiko. Nothing remains of the Achean beginnings of Patreus, and little more of Roman Patras. The medieval fort on the Acropolis was the last bastion of the Turks in the wars of independence, which began in Patras.

Quand vous arrivez en bateau d'Italie, vous voyez Patras devant le décor d'Oros Panahaiko, haut de 2000 mètres, dont le sommet est souvent enneigé. Il ne reste rien des Achéens, fondateurs de la ville et bien peu de la Patras romaine. Le fort médiéval sur l'Acropole fut le dernier bastion des Turcs durant les guerres d'Indépendance qui ont commencé à Patras.

Φθάνοντας με το καράβι από Ιταλία, βλέπετε μπροστά σας την Πάτρα και το βουνό Παναχαϊκό (2000 μ. ύψος) συχνά με χιονισμένες τις κορφές του. Από την ίδρυση της Αχαϊκής πόλεως του Πατρέα δεν έχει απομείνει τίποτε και από τη Ρωμαϊκή Πάτρα μόνο λίγα πράγματα. Το μεσαιωνικό κάστρο της Ακρόπολης χρησίμευσε στον απελευθερωτικό αγώνα κατά των Τούρκων σαν καταφύγιο.

Nach der Ankunft im größten Hafen des Peloponnes nehmen Sie Platz in einem der Straßencafés an der Plateia Trion Simmachon und erhalten einen ersten Eindruck von der südländischen Atmosphäre der Hauptstadt Achaias. Falls Sie Patras im zeitigen Frühjahr besuchen, sollten Sie wissen, daß hier mehrere Tage lang ziemlich ausgelassen Karneval gefeiert wird.

On arriving at the largest port in the Peloponnese, take a seat in one of the pavement cafés of the Plateia Trion Simmachon and drink in the southern atmosphere of the main town of Achaias. Were you to visit in the spring, you would find yourself in the midst of carnival celebrations lasting several days.

Après votre arrivée dans le port principal du Péloponnèse, asseyez-vous à la terrasse d'un des cafés de la Plateia Trion Simmachon pour vous imprégner de l'atmosphère méridionale de l'ancienne capitale achéenne. Si c'est le printemps, vous vous retrouverez peut-être dans le tourbillon d'un carnaval qui dure plusieurs jours.

Μόλις φθάσετε στο μεγαλύτερο λιμάνι της Πελοποννήσου κάθεστε σ' ένα καφενείο της πλατείας Τριών Συμμάχων και παίρνετε μια πρώτη εντύπωση από την ατμόσφαιρα της Αχαϊκής πρωτεύουσας. Εαν επισκεφθείτε την Πάτρα την περίοδο του καρναβαλιού, θα πρέπει να ξέρετε ότι εδώ ξεφαντώνουν οι κάτοικοι επί πολλές μέρες.

Nach dem Übersetzen von Rion nach Antirrion fahren Sie Richtung Mesolongi, von 1821-1826 tragische Stätte des griechischen Freiheits- kampfes, und vorbei am Ambra- kischen Golf nach Arta. Hier lag im 3. Jh.v.Chr. das antike Ambrakia, die Residenz des großen Strategen Pyrrhos. Die sagenumwobene Alte Brücke aus dem 13.Jh. wurde nach mehrmaliger Zerstörung durch den Arachtos im Jahre 1603 erneuert.

After the ferry from Rion to Antirri- on, we head towards Messalongi, the site of the tragic Greek War of Independence 1821-26, and past the Ambrakian Gulf to Arta. Ancient Ambrakia stood here in the 3rd cen- tury B.C., home of the great strate- gist Pyrrhos. The famous 13th cen- tury Old Bridge, heavily damaged many times by the river Arachtos, was rebuilt in 1603.

Après le passage de Rion à Antirri- on, vous partez vers Messolonghi, lieu tragique des combats pour l'indépendance grecque de 1821 à 1826, le long du golfe d'Ambracie jusqu'à Arte, l'Ambracie antique au 3e s. av. J.-C, résidence du grand stratège Pyrrhos. Le Vieux-Pont légendaire du 13e s., détruit plu- sieurs fois par l'Arachtos, a été re- construit en 1603.

Μετά το πέρασμα του Ρίου- Αντι- ρίου κατευθύνεστε στο Μεσολόγγι (τραγικές αναμνήσεις του Ελ. απε- λευθερωτικού αγώνα στα 1821- 1826). Περνώντας τώρα τον Αμ- βρακικό φθάνετε στην Ἄρτα. Εδώ βρισκόταν τον 3ο π.χ αιώνα η αρχαία Αμβρακία. Ἔδρα του μεγά- λου στρατηγού Πύρρου. Η θρυλική παλιά γέφυρα του 13ου αιώνα ανα- νεώθηκε μετά από αλλεπάλληλες καταστροφές του Ἀραχθου το 1603.

Nördlich von Preveza und den Ruinen des römischen Nikopolis kommen Sie auf die Küstenstraße. Am Acheron, bei Mesopotamo, befand sich seit der Bronzezeit das Totenorakel der Persephone. Kurz danach geht es linker Hand zum beliebten Küstenort Parga. Unser nächstes Ziel, die Insel Korfu, erreichen wir mit dem Fährschiff von Igoumenitsa aus in knapp 2 Stunden.

North of Preveza and the ruins of Roman Nikopolis you reach the coast road. At Acheron, in Mesopotamia, stood the death oracle of Persephone from the Bronze Age. Further along to the left we reach the much-loved coastal resort of Parga. Our next destination, the island of Corfu, can be reached by ferry from Igoumenitsa in just 2 hours.

Vous atteignez la route côtière au Nord de Preveza et des ruines du Nikopolos romain. L'oracle des morts de Persephone se trouve à Acheron, près de Mesopotamo, depuis l'ère du bronze. Peu après, un tournant à gauche mène à la station balnéaire réputée de Parga. A Igoumenitsa, nous embarquons pour notre prochaine étape, l'île de Corfou que nous atteindrons en deux heures.

Από τα βόρεια της Πρέβεζας και τα ερείπια της ρωμαϊκής Νικόπολης, φθάνετε στον παραλιακό δρόμο. Στον Αχαιρώνα του Μεσοπόταμου, βρισκόταν την εποχή του χαλκού το μαντείο των νεκρών της Περσεφόνης. Σε λίγο, μένοντας πάντα αριστερά , συναντάτε την μαγευτική παραλία τη Πάργας. Ο επόμενος σταθμός είναι η Κέρκυρα στην οποία φθάνουμε με το φέρρι από την Ηγουμενίτσα μέσα σε δύο ώρες.

Korfu wurde 734 v.Chr. als korinthische Kolonie gegründet. Nach wechselvoller Geschichte begann mit dem Bau der Alten Festung im Jahre 1386 die Herrschaft Venedigs, die in vier Jahrhunderten Stadt und Insel maßgeblich beeinflußt hat. Vor der Bucht von Chalikiopulu liegt das malerische Inselkloster Vlachernes aus dem 17. Jh.; etwas älter noch ist die kleine Kapelle auf der „Mäuseinsel" Pontikonisi.

Corfu became a Corinthian colony in 734 B.C. After a somewhat chequered history, the building of the Old Fortress in 1386 signalled the beginning of Venetian dominance, which greatly influenced the town and the island for 400 years. The picturesque island monastery of Vlachernes from the 17th century lies by the Bay of Chalikiopoulu; older still is the small chapel on the tiny island of Pontikonisi.

Corfou fut fondée en 734 av. J.-C. comme colonie corinthienne. Après une histoire mouvementée, le règne vénitien, qui a fortement influencé l'île, a commencé en 1386 avec la construction de l'ancienne forteresse. Le monastère pittoresque de Vlachernes, du 17e s. se dresse devant la baie de Chalikiopolu; la chapelle sur l'île de Pontikonisi est un peu plus vieille.

Η Κέρκυρα το 734 π.χ ορίστηκε αποικία της Κορίνθου. Με την ανέγερση του παλιού κάστρου και μετά από πολλές ιστορικές διακυμάνσεις άρχισε η κυριαρχία των Ενετών το 1386 που επηρέασε σε τέσσερεις συνεχείς αιώνες την πύλη και γενικά ολόκληρο το νήσι. Στη λίμνη Χαλικιοπούλου απλώνεται το γραφικό νησάκι της Παναγιάς των Βλαχερνών από το 17ο αιώνα. Το μοναστήρι στο Ποντικονήσι είναι κάπως παλιότερο.

Wieder zurück auf dem Festland, führt die Straße durch das Thiamis-Tal nach Vrosina. In der Ferne schieben sich die Höhenzüge des Pindos-Gebirges in Ihr Blickfeld; auf den zweieinhalbtausend Meter hohen Gipfeln zwischen Konitsa und Karpenision liegt Schnee bis in den Mai. Kaum besiedelt, gehört diese alpine Landschaft im Sommer den wlachischen Hirten.

Back on the mainland, the road leads us through the Thiamis Valley to Vrosina. In the distance the Pindos Mountain range swims into view. The 2000 metre high peaks between Konitsa and Karpenision are covered in snow well into May. This sparsely populated alpine landscape seems to be entirely inhabited by shepherds in summer.

De retour sur la terre ferme. La route traverse la vallée de Thiamis vers Vrosina. Les Monts du Pinde se dressent au lointain. La neige recouvre jusqu'en mai les sommets hauts de 2500 m., entre Konitsa et Karpénision. En été, cette nature presque désertique est le fief des bergers vlachiches.

Επιστρέφοντας πάλι σε στερεό έδαφος μετά το νησί, ο δρόμος οδηγεί δια μέσου της κοιλάδας της Θιάμιδος στη Βροσίνα. Στον ορίζοντα ορθώνονται οι κορφές της Πίνδου στα μάτια μας. Στην κορυφή των 2500 μ. μεταξύ Κόνιτσας και Καρπενησίου υπάρχει χιόνι μέχρι τον Μάη. Ακατοίκητη σχεδόν αυτή η φυσική καλλονή ανήκει το Καλοκαίρι στους βλάχους βοσκούς.

Auf dem Kastro von Ioannina, hoch über dem See und umgeben von mächtigen Mauern, künden der Königspalast Ali Paschas und die Moscheen Fetiche- und Aslan-Pascha von der Zeit der Türkenherrschaft im Epirus. Ein kleines Schiff bringt Sie zu den byzantinischen Kirchen auf der Insel. Nach Dodona zum uralten Zeusorakel mit der Heiligen Eiche sind es nur wenige Kilometer.

On the Kastro of Ioannina, high above the lake, surrounded by mighty walls, we see reminders of Turkish rule in Epirus, from the royal palace of Ali Pascha to the mosques of Fetiche and Aslan-Pascha. A small boat takes you to the Byzantine churches on the island. It is only a few kilometres from Dodona to the ancient oracle of Zeus with its Holy Oak.

Dominant le lac et entourés de murs massifs, le palais Ali Pacha et les mosquées Fetiche et Aslan-Pacha rappellent l'époque de la domination turque à Epirus. Un petit bateau vous emmène aux églises byzantines sur l'île. Il n'y a que quelques kilomètres jusqu'à Dodona où se trouve le très ancien Oracle de Zeus avec le chêne sacré.

Στο κάστρο ψηλά πάνω από τη λίμνη, περιτριγυρισμένο από ψηλά τείχη ξεπροβάλλει το παλάτι του Αλή Πασά και το τζαμί του Ασλάν Πασά, από την εποχή της Τουρκοκρατίας στην Ήπειρο. Ένα πλοιάριο σας μεταφέρει στις Βυζαντινές εκκλησίες στο νησί. Μετά τη Δωδώνη για το πανάρχαιο μαντείο του Δία με την ιερή βελανιδιά, απομένουν λίγα ακόμη χιλιόμετρα.

Hinter dem Katara-Paß (1705 m) windet sich die Straße durch Kiefernwälder hinunter nach Kalambaka und der bizarren Landschaft von Meteora. Regen und Wind haben aus dem Gelände turmhohe Felskegel und senkrecht abstürzende Pfeiler gewaschen. Der Name Meteora bezieht sich auf das phantastische Bild, das sich dem Betrachter bietet: die mittelalterlichen Klosterbauten auf den Gipfeln scheinen „in der Luft zu schweben".

Beyond the Katara Pass (1705m) the road winds down through pine forests towards Kalambaka and the bizarre landscape of Meteora. Rain and wind have eroded the rockface and fashioned tall conical towers and pillars with sheer perpendicular drops. The very name Meteora is suggestive of the fantastic scenery: the medieval monastery buildings on the hills appear to "sway in the air".

Derrière le col de Katara, (1705 m.) la route sinue à travers des forêts de pins et descend vers Kalambaka et le paysage captivant de Météores. Pluies et vents y ont sculpté d'énormes boules et flèches rocheuses. Météores doit son nom à l'image extraordinaire s'offrant aux yeux: le monastère médiéval bâti au sommet, semble véritablement suspendu dans le ciel.

Μετά το πέρασμα της Κατάρας (1705 μ.), γυρίζει ο δρόμος μέσα από πευκόδασος προς τα κάτω, συγκεκριμένα στην κοιλάδα του Πηνειού προς Καλαμπάκα και το παράξενο τοπίο στα Μετέωρα. Η βροχή και ο αέρας μετέβαλαν τους πανύψηλους βράχους σε απόκρημνους γίγαντες. Το όνομα Μετέωρα, προέρχεται από την εικόνα που προσφέρεται στο θεατή. Το μεσαιωνικό μοναστήρι στις κορφές δίνει την εντύπωση ότι αιωρείται.

Meteora, Kloster

Nur über lange Leitern oder in von Seilwinden gezogenen Körben gelangte man nach oben – so schützten sich die Mönche vor Angreifern. Mega-Meteoron, das größte und höchstgelegene Kloster, wurde um 1360 von Athanasios Meteorites gegründet. Die Klosterkirchen sind mit zum Teil sehr gut erhaltenen Fresken im kretischen und Berg-Athos-Stil ausgeschmückt.

Meteora, Monastery

The only way to the top was by long ladder or baskets pulled up by cable winches – thus did the monks protect themselves against attackers. Mega-Meteoron, the largest and highest monastery, was founded by Athanasios Meteorites in 1360. The chapels are partially decorated with very well preserved frescoes in the Cretan and Athos-mountain style.

Météores, Monastère

On n'arrivait en haut que par des échelles ou des corbeilles tirées par des cordes; c'est ainsi que les moines se protégeaient des ennemis. Vers 1360, Athanasios Meteorites fonda Mega-Meteoron, le monastère le plus important et le plus élevé de la région. Des fresques bien conservées, de style crétois et du Mont Athos, décorent quelques églises du monastère.

Μετέωρα, Μοναστήρια

Μόνο με τις ανεμόσκαλες ή με τα καλάθια που τραβιούνται με σχοινιά, μπορούσε κανείς να φτάσει επάνω. Έτσι, προστατευόντουσαν οι μοναχοί από επιδρομές. Το Μέγα Μετέωρο, το μεγαλύτερο και υψηλότερο μοναστήρι, ιδρύθηκε γύρω στο 1360 από τον Αθανάσιο Μετεωρίτη. Οι εκκλησίες του μοναστηριού διατηρούν σε καλή κατάσταση Αγιογραφίες σε Κρητικό και Αγιορίτικο στυλ.

Olymp — Thessaloniki

In der griechischen Mythologie galt der Olymp als Sitz der Götter; der „Thron des Zeus" wurde erstmals im Jahre 1913 bezwungen. Der Weiße Turm (Lefkos Pyrgos), das Wahrzeichen Thessalonikis, ist Teil der Hafenbefestigung aus dem 16. Jh.. Wichtige Stätten der makedonischen Geschichte sind Edessa mit den schönen Wasserfällen, Pella, der Geburtsort Alexanders, und Vergina mit Palast und Königsgräbern.

Olympus — Thessalonika

In Greek mythology Olympus was the seat of the gods; the "Throne of Zeus" was first conquered in 1913. The White Tower (Lefkos Pyrgos), a landmark in Thessalonika, is part of the harbour fortifications dating from the 16th century. The most important towns in Macedonian history were Edessa, with its beautiful waterfalls, Pella, the birthplace of Alexander, and Vergina, with its palace and royal tombs.

Olympe — Thessalonique

L'Olympe était le siège des dieux dans la mythologie grecque. Le «trône de Zeus» fut vaincu pour la première fois en 1913. La Tour blanche (Lefkos Pyrgos), emblème de Thessalonique, est une partie de l'enceinte portuaire du 16e s.. Autres lieux de l'histoire macédonienne: Edessa avec ses cascades, Pella où est né Alexandre et Vergina avec son palais et ses tombeaux royaux.

Όλυμπος — Θεσσαλονίκη

Η δεύτερη σε πληθυσμό μεγάλη πόλη της Ελλάδας ιδρύθηκε το 316 π.χ. με την ονομασία "Θεσσαλονίκη". Ο Λευκός Πύργος, σύμβολο της πρωτεύουσας της Μακεδονίας, αποτελεί μέρος του οχυρού του λιμένα , από τον 16ο αιώνα. Οι σπουδαιότερες τοποθεσίες:
Έδεσσα με τους καταρράχτες, Πέλλα η γεννέτειρα του Μ. Αλεξάνδρου και Βεργίνα με το παλάτι και τους Βασιλικούς Τάφους.

Unser besonderes Interesse gilt dem Berg Athos, der östlichsten der drei Halbinseln der Chalkidike. Sie wissen wahrscheinlich, daß der Zugang zum Heiligen Berg (Agio Oros) und den Klöstern noch immer bestimmte Formalitäten erfordert und Frauen seit dem Jahre 1046 generell nicht erlaubt ist. Die Geschichte der Mönchsrepublik Athos beginnt mit der ersten Klostergemeinschaft des Athanasios im Jahre 963.

The mount of Athos, the most easterly of the three peninsulas of Chalkidiki, holds the most interest for us. You are no doubt aware that access to the Holy Mountain (Agio Oros) and to the monasteries is still beset with formalities and has generally been forbidden to women since 1046. The history of the monastic republic of Athos began with the first monastic order of Athanasios in 963.

Le Mont Athos, la plus à l'Ouest des trois presqu'îles de la Chalcidique, est d'un intérêt particulier. Vous savez sans doute que l'accès au mont sacré (Agio Oros) et aux monastères, est difficile et en principe interdit aux femmes depuis 1046. L'histoire de la République des moines Athos commence avec la première communauté monacale des Athanasios en 963.

Το ενδιαφέρον μας συγκεντρώνεται στο όρος Άθως, το ανατολικό ακρωτήρι της Χαλκιδικής. Είναι γνωστό, ότι για την είσοδο στο Αγ. Όρος ισχύουν αυστηρές προδιαγραφές. Η είσοδος γυναικών δεν επιτρέπεται από το 1046 ήδη. Η ιστορία της Κοινοπολιτείας των μοναχών στον Άθω, αρχίζει με την πρώτη κοινότητα του Αθανασίου το 963.

Im Kloster Megistis Lavras wurden die Regeln der gemeinschaftlichen Lebensweise (Koinobion) in einer vom byzantinischen Kaiser anerkannten Stiftungsurkunde (1.Typikon) festgelegt. Die Blütezeit des Athos lag im 11. Jahrhundert, als immer mehr Klöster gegründet und durch Eintritte und Stiftungen des byzantinischen Adels mit unschätzbaren Werten ausgestattet wurden.

It was in the monastery of Megistis Lavras that the rules of monastic life (Koinobion) were enshrined in a constitution (1. Typikon) and recognised by a Byzantine emperor. Athos had its heyday in the 11th century, as ever more monasteries were founded and bestowed with priceless valuables by the Byzantine nobility.

Au monastère Megistis Avras, la règle de la communauté (Koinobion) a été établie dans une charte (1.Typikon) des empereurs byzantins. Athos a vécu son apogée au 11e siècle quand de nombreux monastères ont été fondés et dotés de grandes richesses grâce à l'entrée dans la vie monacale ou aux dons de nobles byzantins.

Στο μοναστήρι της Μεγίστης Λαύρας, καθορίστηκαν οι κανονισμοί του τρόπου συμβίωσης (κοινόβιον) σε ένα αναγνωρισμένο επίσημο έγγραφο απ' τον βυζαντινό Αυτοκράτορα (Α'-Τυπικό). Η περίοδος ακμής στον Ἄθω παρατηρείται τον 11ο αιώνα όταν εδημιουργούντο όλο και περισσότερες μονές εμπλουτισμένες με αμύθητους θησαυρούς, εξ' αιτίας των προσβάσεων και των χορηγήσεων της βυζαντινής αριστοκρατίας προς αυτές.

Daß Hellas während der langen Zeit der Fremdherrschaft nicht gänzlich unterging, ist mit ein Verdienst der griechisch-orthodoxen Kirche und den guten Beziehungen der Athos-Mönche zum Sultan. Machen Sie eine Wanderung durch die wunderbare Landschaft des Athos-Massivs; etwa 20 Klöster, in denen mehr als 1000 Mönche leben und deren kostbare Bibliotheken und Freskenmalereien besichtigt werden können.

That Hellas did not go under completely during its long foreign domination is due to the efforts of the Greek Orthodox Church and relations between the Athos monks and the Sultan. Take a trip through the wonderful landscape of the Athos massif; some 20 monasteries, with more than 1000 monks living in them, and their precious libraries and frescoes can be visited.

Si Hellas n'a pas entièrement disparu durant la longue période de domination étrangère, c'est grâce à l'Eglise grecque orthodoxe et aux bonnes relations des moines d'Athos avec les sultans. Promenez-vous dans la nature merveilleuse du Mont Athos; on peut y visiter environ 20 monastères, avec des bibliothèques et fresques précieuses. Plus de 1000 moines y vivent encore.

Το ότι η Ελλάδα δεν κατέρρευσε τελείως κατά την ξενοκρατία οφείλεται στην Ορθόδοξη Εκκλησία και στις καλές σχέσεις που διατηρούσαν οι μοναχοί του Άθου με τον Σουλτάνο. Περπατείστε μέχρι την θαυμάσια αυτή περιοχή. Εκεί μπορείτε να επισκεφθείτε είκοσι μοναστήρια περίπου με τις πολύτιμες βιβλιοθήκες και αγιογραφίες τους, στα οποία ζουν περισσότεροι από χίλιοι μοναχοί.

Kavala mit Aquädukt

Mit Kavala ist der nördlichste Punkt auf der Landkarte unserer Farbbild-Reise erreicht, was nicht bedeutet, daß Thrakien vergessen wurde. Die Schönheiten des Landes zwischen den Schluchten des Nestos mit ihrer unberührten Natur und dem Evros an der griechisch-türkischen Grenze würden ein eigenes Buch füllen. Aber auch Ausflüge zu den Inseln Thasos und Samothraki sind sehr zu empfehlen.

Kavala with Aquaduct

At Kavala we have reached the most northerly point on our travels, although Thrace must not be forgotten. The beauty of the countryside between the Bays of Nestos, with their unspoilt scenery, and Evros on the Greek-Turkish border, would alone fill a book. Trips to the island of Thasos and Samothraki are also recommended.

Cavalla avec aqueduc

A Cavalla, nous avons atteint le point le plus au Nord de notre voyage sur la carte, mais sans oublier pour cela la Thrace. Les beautés de cette région entre les ravins de Nestos à la nature sauvage et l'Evros à la frontière turque, rempliraient seules un livre. A conseiller également, sont des excursions vers les îles de Thasos et Samothraki.

Καβάλα, Ρωμαϊκό υδραγωγείο

Φτάνοντας στην Καβάλα βρισκό-μαστε στο βορειότερο σημείο του χάρτη του εικονογραφημένου ταξι-διού μας, πράγμα που δεν σημαίνει ότι ξεχάσαμε την Θράκη. Οι ομορφιές της περιοχής μεταξύ των φαραγγιών του Νέστου με την παρθένα φύση και του Έβρου στα Ελληνοτουρκικά σύνορα, θα έβγαζαν ένα βιβλίο ακόμα. Συνιστούμε εκδρομές στα νησιά Θάσου και Σαμοθράκης.

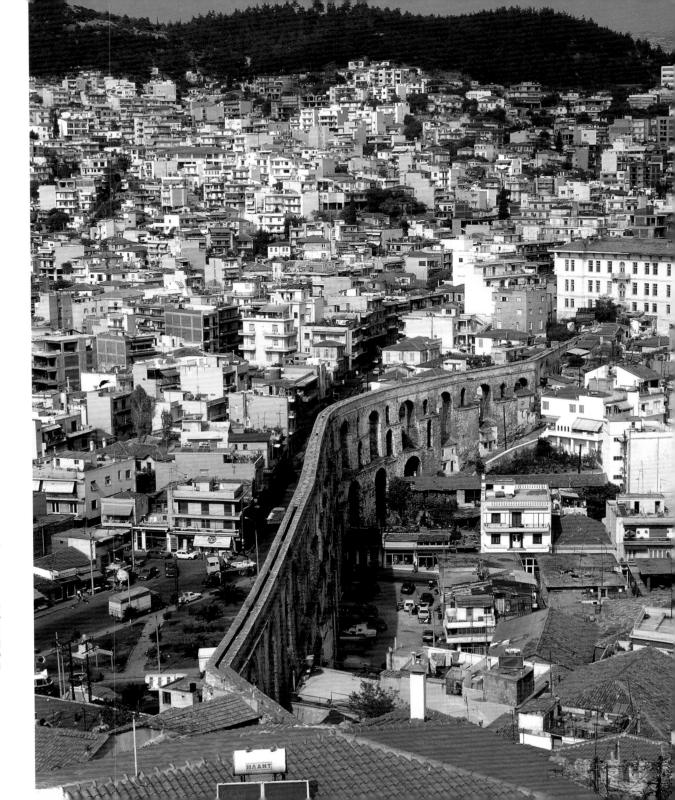

Der Löwe von Amphipolis bewacht die Brücke am Strimon. Ein weiterer makedonischer Löwe steht in Chaironeia, wo 338 v.Chr. Philipp und sein Sohn Alexander gegen die Griechen siegten. 150 Jahre früher (480 v.Chr.) fand bei den Thermopylen der Kampf der Griechen gegen die Perser statt. Denkmal und Epigramm gelten den Helden um Leonidas: „Wanderer, kommst Du nach Sparta..."

The Lion of Amphipolis guards the bridge at Strimon. Another Macedonian Lion stands in Chaironeia, where Philip and his son Alexander were victorious against the Greeks in 338 B.C. One hundred and fifty years earlier (in 480 B.C.) the Greeks fought the Persians at Thermopylae. The memorial and inscription are to the hero Leonidas: "Wanderer, come to Sparta..."

Le lion d'Amphipolis surveille le pont sur le Strimon. Un autre lion macédonien se dresse à Chaironeia où Philippe et son fils Alexandre ont vaincu les Grecs en 338 av. J.-C.. La bataille entre Grecs et Perses se déroula près du Thermopyle, 150 ans auparavant (480 av. J.-C.). Le monument honore les héros qui entourèrent Léonidas: «voyageur, viens à Sparte...»

Ο λέων της Αμφίπολης φρουρεί τη γέφυρα του Στρυμώνα. Ένας άλλος ορθώνεται στην Χαιρώνεια, που το 338 π.χ,ο Φίλιππος και ο Αλέξανδρος νίκησαν τους υπόλοιπους Έλληνες. 150 χρόνια νωρίτερα (480 π.χ) στις Θερμοπύλες πολέμησαν οι Έλληνες με τους Πέρσες. Το μνημείο με το επίγραμμα αναφέρεται στούς ήρωες του Λεωνίδα: "Ω ξείν αγγέλειν Λακεδαιμονίοις...".

Die Straße führt von Amphissa aus durch den größten Olivenhain Griechenlands in der Ebene von Itea und hinauf nach Delphi. Auf der unteren Terrasse der Ausgrabungsstätte, Marmaria genannt, befand sich der älteste Kultbezirk aus mykenischer Zeit. Neben den Resten des Tempels der Athena Pronaia steht hoch über der Pleistos-Schlucht der Tholos, ein Rundtempel aus dem 4. Jh.v.Chr.

The road leads from Amphissa through the largest olive grove in Greece into the Plain of Itea and up to Delphi. The oldest cult devotional site of Mycenian times was found on the lower level of the archaeological excavations at Marmaria. The Tolos, a circular temple dating from the 4th century B.C. stands high above the Bay of Pleistos, next to the remains of the Temple of Athena Pronaia.

La route mène d'Amphissa à travers les plus grands champs d'oliviers du pays dans la plaine d'Itéa et à Delphes. Le plus ancien lieu de culte de l'ère mycénienne se trouvait sur les terrasses inférieures du site archéologique de Marmaria. Le Tolos, un temple rond du 4e s. av. J.-C. domine le ravin de Pleistos, à côté des ruines du temple d'Athena Pronaia.

Οδέυουμε από Άμφισσα και ενδιάμεσα από τον μεγαλύτερον ελαιώνα της Ελλάδας στον κάμπο της Ιτέας, υηλά προς Δελφούς. Από το κάτω μέρος των ανασκαφών (Μαρμαριά), βρίσκεται η αρχαιότερη κοιτίδα του πολιτισμού της Μυκηναϊκής περιόδου. Δίπλα στα εναπομείναντα του Ναού της Αθηνάς Πρόνοιας, υψώνεται πάνω απ' το φαράγγι του Πλιστού ο Θόλος. Κυκλικός Ναός από το 4ο π.χ αιώνα.

Das Heiligtum des Apollon Delphinios, in eindrucksvoller Lage am Südhang des Parnaß, verdankt seine Berühmtheit den Kulten vom Omphalaos (Nabel der Erde) und der Pythia mit ihren Weissagungen an der Kastalischen Quelle. Die Ausgrabungen der Tempelanlagen und über zwanzig Schatzhäuser aus allen Ländern der antiken Welt entlang der Heiligen Straße vermitteln Ihnen einen Eindruck von der Bedeutung des Orakels.

The shrine of Apollo Delphinios, impressively located on the southern slope of Parnassus, owes its fame to the cult of Omphalaos ("the navel of the universe") and Pythia and her prophecies at the Kastalian Spring. The excavations around the temples and over 20 treasure houses from every country of the ancient world along the Holy Road will give you some idea of the importance of the Oracle.

Le sanctuaire d'Apollon Delphinios, dans un site remarquable sur le versant sud du Parnasse, doit sa célébrité au culte d'Omphalaos (le nombril du monde) et aux prophéties de Pythie à la source de Castalie. Les fouilles du site des temples et plus de 20 maisons avec des trésors de tous les pays de l'Antiquité, le long de la Voie sacrée, témoignent de l'importance de l'Oracle.

Το ιερό του Δελφίνιου Απόλλωνα, σε μια εντυπωσιακή τοποθεσία, στη νότια πλαγιά του Παρνασσού, οφείλει την φήμη του στον απόκρυφο μύθο του "Ομφαλού της γης" και στις προφητείες της Πυθείας στην πηγή της Κασταλίας. Οι ανασκαφές στο Ναό και στα θησαυροφυλάκια (άνω των είκοσι) απ' όλες τις χώρες του κόσμου κατά μήκος της Ιεράς Οδού, σας δίνουν μια πλήρη εικόνα για την σπουδαιότητα του Μαντείου.

Nicht weit von Delphi entfernt, liegt in der Stille der Landschaft des Helikon das berühmte Kloster Osios Loukas, unser letztes Ziel auf dem Festland. Mehrere Kirchen aus dem 10. und 11. Jh. fügen sich zu eindrucksvollen byzantinischen Klosterbauten zusammen. Ein großer Teil der wundervollen Decken- und Wandmosaiken stammt ebenfalls aus dieser Zeit.

Deep in the heart of the countryside not far from Delphi lies the famous monastery of Osios Lukas, our final destination on the mainland. Several churches from the 10th and 11th centuries together make up one of the most impressive Byzantine monastic structures. Many of the wonderful floor and wall mosaics belong to this era.

Près de Delphes, le célèbre monastère d'Osios Lucas se dresse dans la campagne paisible de l'Helikon. C'est notre dernière étape sur le continent. Plusieurs églises des 10e et 11e siècles forment un des plus remarquables ensembles monastiques byzantins. Une grande partie des mosaïques des murs et plafonds date également de cette époque.

Σε μικρή απόσταση από τους Δελφούς, απλώνεται στο γαλήνιο τοπίο του Ελικώνα το ξακουστό μοναστήρι του Όσιου Λουκά, ο τελευταίος μας σταθμός στη Στερεά. Πολλές εκκλησίες του 10ου και 11ου αιώνα, εντυπωσιάζουν με τα βυζαντινά μοναστηριακά τους κτίσματα. Ένα μεγάλο μέρος των περίφημων οροφών και υφιδωτών, είναι ομοίως της ίδιας περιόδου.

GRIECHISCHE INSELWELT

Wir treffen uns im Hafen von Piräus, wo Fähren ankommen und abfahren wie anderorts Züge in Bahnhöfen, und von wo Sie in die griechische Inselwelt starten. Das Schiff fährt durch den Saronischen Golf, entlang der attischen Küste und vorbei an Ägina, der Insel Aphaias mit ihrem wunderbaren Tempel. Und dann liegen Sie vor Ihnen: die Kykladeninseln Mikonos, Delos, Paros, Naxos und Thira. Nach einem Besuch Kretas, der größten griechischen Insel, erwartet Sie vor der kleinasiatischen Küste der Dodekanes mit Rhodos, den kleinen Nachbarn Symi und Kastellorizo, Kos, Samos und Chios.

Nicht alle Inseln der Ägäis liegen auf unserer Route: Euböa, die „Rinderreiche" der Antike, von den Eichenwäldern im Norden über Chalkis bis nach Karistos und dem Ochi im Süden, ist alleine eine Reise wert. Und auch Lesbos, Limnos und die Inseln der nördlichen Sporaden haben wir als weitere lohnende Ziele vorgemerkt.

Und nun - kalo taxidi.

GREEK ISLANDS

We meet up in the harbour at Piraeus, where ferries come and go as frequently as trains in railway stations, and where your journey to the Greek islands begins. The ship travels through the Saronic Gulf, along the Attican coast, past Aegina and the island of Aphaias with its wonderful temple. There they lie before you: the Cycladic islands of Mykonos, Delos, Paros, Naxos and Thira. After a visit to Crete, the largest Greek island, we travel to the coast of Asia Minor to the Dodecanese, to Rhodes, its tiny neighbours Simi and Castellorizo, Kos, Samos and Chios.

Not all of the islands of the Aegean lie en route: Euboea, from the pine forests in the north, past Chalkis, to Karistos and Ochi in the south, all of these are worth a stop. Other places well worth a visit are Lesbos, Limnos and the islands of the northern Sporades.

But for now - kalo taxidi.

LE MONDE INSULAIRE GREC

Nous voici au port du Pirée où les bateaux partent et arrivent aussi souvent que les trains dans les gares des villes. Le Pirée est votre point de départ vers le monde insulaire grec. Le bateau traverse le golfe d'Egine, navigue le long des côtes de l'Attique, puis passe devant les îles Egine et Aphaias avec ses temples merveilleux. Et voici les cyclades devant vous: Mikonos, Delos, Paros, Naxos et Santorin (Théra). Après une visite à Crète, la plus grande île grecque, nous allons aux îles Sporades (Dodécanèse) devant les côtes de l'Asie mineure, à Rhodes, à Symi, sa petite voisine et à Castellorizo, Kos, Samos et Chios.

Toutes les îles de la Mer Egée ne sont pas sur notre route: avec ses forêts de chênes au Nord, Chalkis, Karistos et Ochi en son Sud, Euboa, «l'île aux bovins» de l'Antiquité, vaut à elle seule une visite; de même que Lesbos, Limnos et les îles des Sporades septentrionales.

Et maintenant, bonne route, kalo taxidi!

ΣΤΑ ΕΛΛΗΝΙΚΑ ΝΗΣΙΑ

Συναντιόμαστε στο λιμάνι του Πειραιά που πηγαινοέρχονται τα φέρρι, έτσι όπως τα τραίνα αλλού, απ' όπου και εσείς ξεκινάτε για τα ελληνικά νησιά. Το καράβι διασχίζει το Σαρωνικό κατά μήκος των Αττικών ακτών προσπερνόντας την Αίγινα, το νησί της Αφαίας με τον θαυμάσιο Ναό. Μετά απλώνονται μπροστά σας οι Κυκλάδες. Μύκονος, Δήλος, Πάρος, Νάξος και η Θήρα, και μετά από μια επίσκεψη στην Κρήτη, το μεγαλύτερο ελληνικό Νησί, σας περιμένουν στις μικρασιατικές ακτές τα Δωδεκάννησα. Ρόδος, η μικρή γειτονική Σύμη και το Καστελόριζο. Κως, Σάμος και Χίος.

Στο δρόμο μας δεν συναντάμε όλα τα νησιά του Αιγαίου. Η Εύβοια. πλούσια σε βοσκότοπους βοειδών στην αρχαιότητα με τα βόρεια δρύϊνα δάση από Χαλκίδα μέχρι Κάρυστο και το όρος Όχη στα Νότια αξίζουν ενα ταξίδι. Επίσης και η Λέσβος, Λήμνος και τά νεσιά τών Β. Σποράδων εχουν μπει στό πρόγραμμά μας.

Και τώρα... Καλό ταξίδι!

Mikonos

Erste Station ist die Kykladeninsel Mikonos. Die weißgekalkten Häuser der Stadt mit den vielen kleinen, von Seeleuten gestifteten Votivkapellen aus dem 17.-18. Jh. werden überragt von einer Reihe dekorativer Windmühlen. Das quirlig-bunte Treiben am Hafen und im Alefkandra-Viertel läßt erkennen, daß sich die Insel zu einem der beliebtesten Touristenorte entwickelt hat.

Mykonos

Our first stopping-off point is the Cycladic island of Mykonos. The whitewashed houses of the town, with its many tiny chapels, mostly founded by seafarers in the 17th and 18th centuries, are dwarfed by a row of picturesque windmills. The lively and colourful goings-on in the harbour and in the Alefkandra quarter are reminders that this island has become one of the most popular tourist destinations.

Mikonos

La première étape est l'île des Cyclades Mikonos. Une rangée de moulins à vents pittoresques domine les maisons blanchies à la chaux de la ville avec ses nombreuses petites chapelles votives des 17e et 18e siècles, offertes par les marins. L'intense animation du port et du quartier Alefkandra montre combien l'île est très appréciée des touristes aujourd'hui.

Μύκονος

Πρώτος σταθμός είναι το Κυκλαδίτικο Νησί Μύκονος. Τα ασβεστόλευκα σπίτια της Πόλης με τα πολλά εκκλησάκια, τάματα των ναυτικών από το 17ο και 18ο αιώνα, ξεπερνιούνται από μια σειρά διακοσμητικών ανεμόμυλων. Το εντυπωσιακό πήγαιν' έλα στο λιμάνι και στις γειτονιές, δείχνει, πως το Νησί έχει εξελειχθεί σ' ένα απο τα πιο αγαπημένα τουριστικά κέντρα.

Im Hafen von Mikonos wartet das kleine Fährschiff, das Sie zur Ausgrabungsstätte des antiken Delos bringt. Auf Anraten des ergrauten Schiffsmaklers wird der seeungewohnte, gläubige Reisende vorher die Kirche Panagia Paraportiani besuchen und um eine ruhige Überfahrt und eine glückliche Heimkehr bitten, besonders wenn die Etesien des Meltémi das Meer zum hohen Wellengang zwingen.

The small ferry which will take you to the archaeological excavations of ancient Delos waits in Mykonos harbour. The seafaring novice and believer will follow the advice of the grizzled shipping agent to visit the church of Panagia Paraportiani, to pray for a smooth crossing and a happy return, particularly when the Meltemi winds whip the sea into gigantic waves.

Le petit bac qui conduit au site archéologique de l'antique Delos attend dans le port de Mikonos. Le vendeur de billets grisonnant recommande aux passagers peu marins et qui ont la foi, d'aller auparavant à l'église Panagia Paraportiani, prier pour une croisière paisible et un retour sauf, surtout quand les vents étésiens du Meltémi rendent la mer déchaînée.

Στο λιμάνι της Μυκόνου περιμένει το μικρό φέρρι να σας μεταφέρει στα μέρη των ανασκαφών της αρχαίας Δήλου. Πριν από τον απόπλουν, ο γκριζομάλλης πράκτορας του πλοίου συμβουλεύει τους πιστούς μα άβγαλτους στη θάλασσα ταξιδιώτες, να προσευχηθούν στην Παναγιά την Παραπορτιανή, για να επιστρέψουν σώοι στα σπίτια τους, ιδιαίτερα, όταν τα καλοκαιριάτικα μελτέμια φέρνουν μεγάλη τρικυμία.

Die kleine Insel Delos, frühes Artemis-Heiligtum und nach Homer Geburtsort von Apollon, war in der griechischen Geschichte kultureller Mittelpunkt der gesamten Ägäis. Die Ausgrabungen rund um den Heiligen See mit den erhaltenen Marmorlöwen aus dem 7. Jh.v.Chr. lassen erkennen, welche Bedeutung diese Stadt zur Zeit des delisch-attischen Seebundes hatte.

The small island of Delos, early shrine to Artemis and, according to Homer, the birthplace of Apollo, was the cultural centre of the Aegean in early Greek history. The excavations around the Holy Lake, with its marble lions from the 7th century B.C., testify to the importance of this town during the time of the Delian-Attican maritime alliance.

La petite île de Delos, ancien sanctuaire d'Artémis et, selon Homère, lieu de naissance d'Apollon, était un centre culturel de toute la mer Egée dans l'Histoire grecque. Le site archéologique autour du Lac sacré, abritant des lions en marbre du 7e s. av. J.-C., témoigne de l'importance de la ville à l'époque de l'alliance maritime déliaque-athénienne.

Το νησί Δήλος, ιερό της Άρτεμης κατά την αρχαιότητα και κατά τον Όμηρο γεννέτηρα του Απόλλωνα, ήταν στην Ελλ. Ιστορία η κοιτίδα του πολιτισμού όλου του Αιγαίου. Οι ανασκαφές γύρω από την ιερή λίμνη με τα διατηρημένα μαρμάρινα λιοντάρια από τον 7ο π.χ αιώνα, φανερώνουν τη σπουδαιότητα της πόλης αυτής κατά την εποχή της Δηλο- Αττικής ναυτικής συμμαχίας.

Paros

Bereits seit der frühkykladischen Kultur war Paros für seine Gefäße und Plastiken aus weißem parischem Marmor berühmt. Nicht aus edlem Stein, jedoch ebenso begehrt, sind Oktapódia und Kalamarakia, wenn sie – nach gründlicher Säuberung – im heißen Olivenöl gebacken oder in der Sonne geräuchert als kleine geschmackvolle Zugabe zum Ouzo serviert werden.

Paros

Paros was famous for its white Parian marble vessels and statues from the earliest days of Cycladic culture. Not made of precious stone, but equally delectable, are octopus and squid when, after thorough cleaning, they are fried in olive oil or baked in the sun and served as tasty snacks with ouzo.

Paros

Paros était déjà renommée pour ses récipients et sculptures en marbre blanc de la région dans la première période de la culture cycladique. Pas en pierre de prix, mais tout aussi recherchés sont les Oktapódia et Kalamarakia (poulpes et calmars): bien nettoyés, ils sont préparés en friture ou fumés au soleil et servis avec de l'ouzo, l'apéritif traditionnel.

Πάρος

Ηδη από την προκυκλαδική εποχή, η Πάρος ήταν ονομαστή για τα αγγεία και τα αγάλματά της από λευκό παριανό μάρμαρο. Όχι από ευγενείς λίθους προερχόμενα, παρ' όλα αυτά όμως, το ίδιο νόστιμα είναι τα χταπόδια και τα καλαμαράκια, όταν σερβίρονται με ούζο μετά από καλό καθάρισμα και τηγάνισμα σε ελαιόλαδο ή και ακόμα καπνιστά κάτω από τον ήλιο , σαν νόστιμο συμπλήρωμα.

Die größte Kykladeninsel Naxos gilt seit minoischer Zeit als Insel des Dionysos und der Weinkultur. Von einem unvollendet gebliebenen Apollon-Tempelbau auf der Halbinsel Palati stammt wahrscheinlich das beachtenswert hohe Marmortor aus dem 6. Jh.v.Chr. Die Kirchen der Insel in Sangri, Apiranthos und Moni zeigen bedeutende Wandmalereien aus byzantinischer Zeit.

Naxos, the largest island of the Cyclades, has been known since Minoan times as the island of Dionysus and viniculture. The immense marble gate dating from the 6th century B.C. probably came from the incomplete Temple of Apollo on the Palati peninsula. The island churches of Sangri, Apiranthos and Moni have important wall paintings from the Byzantine era.

Naxos, la plus grande île des Cyclades, est le royaume de Dyonisos et de la vigne depuis les temps minoens. La porte imposante en marbre du 6e s. av. J.-C. provient sans doute du temple d'Apollon inachevé de la presqu'île de Palati. Les églises de l'île à Sangri, Apiranthos et Moni renferment de remarquables fresques byzantines.

Το μεγαλύτερο Κυκλαδίτικο Νησί η Νάξος, θεωρείται από τη Μινωϊκή περίοδο, το Νησί του Διόνυσου και του κρασιού . Από έναν ημιτελή ναό του Απόλλωνα στη χερσόνησο Παλάτι, προέρχεται πιθανότατα η αξιοθαύμαστη μαρμάρινη πύλη από τον 6ο π.χ αιώνα. Οι εκκλησίες στο Σαγγρί, Απίρανθο και Μονή, είναι φιλοτεχνημένες με βυζαντινές αγιογραφίες.

Zu empfehlen ist ein Ausflug zur „Apfel"-Insel Milos (Prägungen auf Münzen des 7. Jh.v.Chr. zeigen einen Apfel, gr. melos), dem Fundort der weltberühmten Aphrodite-Statue „Venus von Milo" aus dem 2. Jh.v.Chr. Das Kafeneion ist, wie in ganz Griechenland so auch in Naxos, der richtige Ort zum Austausch von Meinungen über Gott und die Welt.

A trip to the "apple" island of Milos is highly recommended (coinage from the 7th century B.C. is embossed with an apple, Gr. 'melos'); the world-famous statue of Aphrodite, the "Venus di Milo" was found here. The Kafeneion, here on Naxos as elsewhere in Greece, is the right spot for exchanging views on everything from God to the universe.

Une excursion agréable est celle de l'île Milos, appelée «l'île aux pommes» (le fruit gravé sur des pièces de monnaie du 7e s. av. J.-C.). C'est là qu'a été trouvée la célèbre «Vénus de Milo» du 2e s. av. J.-C.. Comme partout ailleurs en Grèce, le Kafeneion à Naxos est le lieu de rencontre où l'on vient échanger ses opinions et parler de tout et de rien.

Συνιστούμε μια εκδρομή στο νησί των "μήλων" τη Μήλο (χαραγμένα νομίσματα του 7ου π.χ αιώνα, παρουσιάζουν ένα μήλο), το μέρος που βρέθηκε το παγκόσμιας φήμης άγαλμα της Αφροδίτης, από το 2ο π.χ αιώνα. Τα καφενεία, είναι και ' δω παρόμοια όπως σε όλη την Ελλάδα. Το σωστό μέρος για ανταλλαγή απόψεων, πάνω σ' όλα τα θέματα.

Santorin / Thira   Santorin ▷▷

Die Treppe vom alten Hafen Skála zur Oberstadt überwindet die steile, fast 300 Meter hohe Wand eines Vulkans, dessen explosionsartiger Ausbruch um 1500 v.Chr. das jähe Ende der in dieser Zeit vorherrschenden minoischen Kultur herbeiführte. Über die blauen Kuppeln der Kirchen des beliebten Touristenorts Thira hinweg hat man eine wundervolle Aussicht auf das fast kreisrunde Kratermeer.

Santorini / Thira   Santorini ▷▷

The steps from the old harbour at Skala to the upper town wind round the barren sides of a volcano (some 300 metres high) which erupted in the 15th century B.C. and signalled the end of the then ruling Minoan culture. Across the tops of the blue roofs of the churches in the popular tourist town of Thira one can get a marvellous view of the almost circular crater lake.

Santorin / Théra   Santorin ▷▷

L'escalier menant du vieux port Skala à la ville supérieure grimpe le long de la paroi abrupte d'un volcan dont l'éruption soudaine vers 1500 av. J.-C. a causé la fin de la culture minoenne, dominante à l'époque. Au-delà des coupoles bleues des églises de la station estivale réputée de Santorin, on a une vue merveilleuse sur le lac de cratère presque rond.

Σαντορίνη / Θήρα   Σαντορίνη ▷▷

Η Σκάλα του παλιού λιμανιού προς την επάνω πόλη προσπερνάει τον απότομο τοίχο του ηφαιστείου (300 ύψος), η έκρηξη του οποίου το 1500 π.Χ περίπου επέφερε την καταστροφή του Μινωϊκού πολιτισμού που κυριαρχούσε στην εποχή εκείνη. Πέρα από τους γαλάζιους τρούλους των εκκλησιών της αγαπημένης τουριστικής περιοχής της Θήρας, η θέα προς το σχεδόν κυκλικό θαλάσσιο κρατήρα, είναι πανέμορφη!

Kreta, Iraklion

Wo sich die wichtigsten Seewege der Antike kreuzten und nur etwa 300 km von der afrikanischen Nordküste entfernt liegt Kreta. Unsere Fähre läuft den Hafen von Iraklion auf der Nordseite der Insel an; die Hauptstadt Kretas ist seit der Eroberung durch Venedig im Jahre 1212 von mächtigen Befestigungsanlagen umgeben. Die Meeresburg am alten venezianischen Hafen wurde im 16. Jh. erbaut.

Crete, Heraklion

Crete lies at the crossroads of the most important shipping routes of antiquity and only some 300 km from the North African coast. Our ferry approaches the harbour of Heraklion at the north of the island. The main town of Crete has been encircled by mighty fortifications since the Venetian conquest of 1212. The sea tower in the old Venetian harbour was built in the 16th century.

Crète, Héraclion

Crète est située à la croisée principale des voies maritimes de l'Antiquité, à 300 km de la côte nord-africaine. Notre bateau accoste au port d'Héraclion sur le côté nord de l'île. Une enceinte fortifiée massive entoure sa capitale depuis la conquête vénitienne en 1212. La forteresse sur la mer, également de l'époque vénitienne, date du 16e siècle.

Κρήτη, Ηράκλειο

Εκεί που διασταυρώνονταν οι θαλάσσιοι δρόμοι της αρχαιότητας και μόνο 300 χιλ/τρα μακριά από τις Βορειοαφρικάνικες ακτές, βρίσκεται η Κρήτη. Το φέρρι μπαίνει στο λιμάνι του Ηράκλειου από τη βόρεια πλευρά του νησιού. Η πρωτεύουσα της Κρήτης περιβάλλεται από ισχυρά αμυντικά τείχη από την εποχή των Ενετών κατακτητών από το έτος 1212. Το θαλάσσιο φρούριο στο παλιό Ενετικό λιμάνι, κτίστηκε το 16ο αιώνα.

Auf der Küstenstraße Richtung Westen kommen Sie nach Rethimnon; zwischen Hafen und Fortezza liegt die sehenswerte Altstadt, die ihren venezianisch-orientalischen Charakter der wechselnden Herrschaft Venedigs und der Türken verdankt. Wer gerne wandert, fährt über Chania zur atemberaubenden Samaria-Schlucht, in der die Felswände stellenweise 300 Meter senkrecht in den Himmel wachsen.

The coast road to the west brings you to Rethymnon; the pretty Old Town, which owes its Venetian-oriental style to the rule of the Venetians and the Turks, lies between the harbour and the fortress. Those keen on walking should drive from Chania to the stunning Samaria Gorge, whose sides rise some 300 metres in a straight vertical to the skies.

Vous arrivez à Rethimnon par la route côtière allant vers l'Ouest. Entre le port et le fort, s'étend la vieille-ville pittoresque qui doit son atmosphère vénitienne-orientale à la domination vénitienne, puis ottomane. Les randonneurs se rendront, par Chania, (La Canée) à la gorge impressionnante de Samaria, aux parois abruptes s'élevant jusqu'à 300 mètres dans le ciel.

Από τον παραλιακό δρόμο κατευθύνεστε δυτικά στο Ρέθυμνο. Μεταξύ λιμανιού και Φορτέζας βρίσκεται η αξιοθέατη ιστορική πόλη που οφείλει τον ανατολίτικο- βενετσιάνικο χαραχτήρα της στους κατακτητές της, Ενετούς και Τούρκους. "Οποιος αγαπάει την περιπέτεια, περπατάει από Χανιά, στο εντυπωσιακό φαράγγι της Σαμαριάς του οποίου οι απόκρημνοι βράχοι, φτάνοντας κατά τόπους τα 300 μ., ανεβαίνουν κάθετοι στον ουρανό.

Knossos Lassithi

Auf Kreta entwickelte sich um 2000 v.Chr. die minoische Kultur mit labyrinthischen Wohnanlagen, bemerkenswerten Wandgemälden und Keramik auf hohem Niveau. In Knossos wurde versucht, Teile des Palastgebäudes mittels Rekonstruktion darzustellen. Die tausend Windmühlen der Lassithi-Hochebene vor der Kulisse des Dikte – der Geburtsstätte des Zeus – sind ein malerischer Anblick.

Knossos Lassithi

Minoan culture developed on Crete around 2000 B.C., with labyrinthine residences, noteworthy wall paintings and ceramics of the highest quality. In Knossos they have tried to recreate parts of the original palace through reconstruction. The picturesque view of the thousand windmills of the Lassithi Plateau forms a backdrop to Dikte, the birthplace of Zeus.

Cnossos Lassithi

La culture minoenne avec ses quartiers d'habitations en labyrinthe, des fresques et céramiques remarquables, s'est développée sur Crète vers 2000 av. J.-C.. Des parties du palais ont été reproduites à Cnossos. Les 100 moulins à vent offrent une image pittoresque sur le plateau de Lassithi, devant le sommet Dikté, lieu de naissance de Zeus.

Κνωσσός Λασήθι

Στην Κρήτη εξελίχθηκε το 2000 π.Χ ο Μινωϊκός πολιτισμός με κτίσματα τεχνοτροπίας λαβυρίνθων και με αξιοπρόσεκτες τοιχογραφίες και κεραμικά υψηλής τέχνης. Στην Κνωσσό προσπάθησαν να επαναστηλώσουν μέρος του συγκροτήματος του ανακτόρου. Ειδυλλιακό το τοπίο των χίλιων ανεμόμυλων στο Λασήθι μπρος από τη Δίκτη τη γεννέτειρα του Δία!

Kreta

Im Herbst, wenn die Windmühlen von Lassithi ohne Segel und die Straßen wieder frei von Touristen sind, ziehen die Rauchschwaden der Rakifeuer über das Land, bieten die kretischen Bauern dem willkommenen Gast ringförmige Brote und köstliche kleine Oliven in Öl. Und sie erzählen die Geschichte vom kinderverschlingenden Kronos und seinem Sohn Zeus, den Rhea in der Höhle von Psychron zur Welt brachte.

Crete

In the autumn, when the Lassithi windmills are without their sails and the streets are once again empty of tourists, the air is filled with the scent of fiery raki, and Cretan farmers welcome their guests with ring-shaped breads and delicious small olives in oil, and tell the story of Kronos and his son Zeus, whom Rhea brought into this world from the Caves of Psychron.

Crète

A l'automne, quand les moulins à vent de Lassithi n'ont plus d'ailes et que les touristes sont partis, l'air s'emplit des senteurs enivrantes du raki et les paysans offrent la galette et leurs délicieuses olives dans l'huile aux visiteurs. Ils racontent alors l'histoire de Cronos, le mangeur d'enfants, et celle de son fils Zeus que Rhéa mit au monde dans la grotte de Psychron.

Κρήτη

Τι Φθινόπωρο, όταν οι ανεμόμυλοι του Λασηθίου απομένουν χωρίς πανιά και οι δρόμοι άδειοι από τουρίστες, παίρνουν τα σύννεφα τους καπνούς της φωτιάς του ρακιού πάνω απ΄τη χώρα και οι Κρητικοί γεωργοί προσφέρουν στον καλοδεχούμενο επισκέπτη καρβέλια και νόστιμες ελιές στο λάδι, και διηγούνται την ιστορία του Κρόνου που κατάπινε παιδιά και το γιό του Δία, που η Ρέα έφερε στον κόσμο στη σπηλιά των Ψυχρών.

Wer den Umtrieb der großen Inseln nicht mag, für den ist Syme am Eingang zum Doridischen Golf, nur wenige Kilometer von der türkischen Küste entfernt, ein lohnendes Ziel. Am idyllischen Hafen und den felsigen Hang hinauf künden dekorative Häuser aus dem 17. Jh. von einigem Wohlstand der Insel der Schwammfischer und Schiffsbauer. Die Akropolis der Antike wurde im 15. Jh. zur Johanniterburg.

For those who want to escape the hurly-burly of the larger islands, Simi, at the entrance to the Doridic Gulf and only a few kilometres from the Turkish coast, is the perfect destination. Decorative houses round the harbour and the hillsides, dating from the 17th century, bear witness to the wealth of the island from sponge-diving and shipbuilding. The ancient acropolis became the home of the knights of the Hospital of St. John in the 15th century.

Le visiteur n'aimant pas l'animation des grandes îles trouvera son bonheur à Symi, située à l'entrée du golfe de Doridie, près des côtes turques. Sur le port idyllique et les versants rocheux, de jolies maisons du 17e siècle témoignent de l'ancienne prospérité de l'île de pêcheurs d'éponges et d'armateurs. L'Acropole antique est devenu le fort Saint-Jean au 15e siècle.

Σ' όποιον δεν αρέσουν οι περιηγήσεις στα μεγάλα νησιά ας προτιμήσει τη Σύμη στην είσοδο του Δορικού κόλπου, λίγα μόνο χιλ/τρα από τις τουρκικές ακτές. Αξίζει ο κόπος. Στο ειδυλλιακό λιμάνι, προς τη βραχώδη ανηφορική πλαγιά τα γραφικά σπίτια του 17ου αιώνα, μας μαρτυρούν μια ευημερία που επικρατεί στο νησί των σφουγγαράδων και των ναυπηγών. Η ακρόπολη της αρχαιότητας μετετράπει τον 15 αιώνα σε φρούριο των Ιωαννιτών.

Erste Station auf Rhodos ist Lindos, im 7. Jh.v. Chr. Mitglied im ostgriechischen Städtebund der Hexapolis. Da Homer sie im Schiffskatalog der Ilias erwähnt, dürfte die Siedlung am einzigen natürlichen Hafenplatz auf Rhodos jedoch wesentlich älter sein. Über den schmucken weißen Häusern erhebt sich die Akropolis; hier stand in der Antike der Tempel der Athena Lindia.

The first stopping point in Rhodes is Lindos, which became part of the eastern Greek city-state of Hexapolis in the 7th century B.C. The settlement on the only natural harbour on Rhodes may however be much older, given its mention in the Iliad. The Acropolis rises above the pretty white houses. The Temple of Athena Lindia stood here in ancient times.

La première étape sur Rhodes est Lindos, au 7e s. av. J.-C, membre de l'Hexapole, alliance des villes de Grèce orientale. L'agglomération sur le seul port naturel de l'île est bien plus ancienne car Homère la mentionne déjà dans l'Iliade. Dans l'Antiquité, le temple de Athena Lindia se dressait sur l'Acropole qui domine la masse des jolies maisons blanches.

Πρώτος σταθμός στη Ρόδο, είναι η Λίνδος, από τον 7ο π.Χ. αιώνα, μέλος του ανατολικοελληνικού συνδέσμου πολιτειών της Εξάπολης. Το ότι ο Όμηρος την μνημονεύει στον κατάλογο των πλοίων της Ιλιάδος, φαίνεται ότι θα είναι ο παλαιότερος οικισμός της Ρόδου στο μοναδικό φυσικό λιμάνι. Πάνω από τα κατάλευκα σπίτια, υψώνεται η Ακρόπολις. Εδώ υπήρξε στην αρχαιότητα, ο ναός της Λινδίας Αθηνάς.

Von der antiken Stadt Rhodos, 407 v.Chr. durch Hippodamos von Milet erbaut, ist nur wenig erhalten. Das mittelalterliche Bild der Rittergasse im Schatten des Großmeister-Palastes wurde von Kreuzrittern und Türken geprägt. Neben der Hafeneinfahrt stand der „Koloß von Rhodos"; die 30 Meter hohe Bronze-statue galt als eines der sieben Weltwunder und wurde vermutlich bereits knapp 200 Jahre später bei einem Erdbeben zerstört.

Very little remains of the original town of Rhodes, built by Hippoda-mus of Milet in 407 B.C. The medie-val picture of the knights' lane in the shadow of the Grand Master's Palace was minted by both Knights of the Cross and Turks alike. Beside the harbour entrance stood the Colossus of Rhodes. This 30-metre high bronze statue was one of the Seven Wonders of the World and was probably destroyed in an earth-quake some 200 years later.

La ville antique, bâtie par Hippoda-mos de Milet en 407 av. J.- C., n'a presque plus de vestiges. La rue des Chevaliers, près du palais du Grand-Maître, doit sa physionomie médié-vale aux Croisés et aux Turcs. Le «Colosse de Rhodes» se dressait à l'-entrée du port. Un tremblement de terre a sans doute détruit, 200 ans plus tard, la statue en bronze de 30 m. de haut, une des sept merveilles du monde.

Από την αρχαία πόλη της Ρόδου που κτίσθηκε το 407 π.Χ από τον Ιππόδαμο τον Μιλήσιο, λίγα μόνο κτίρια απέμει-ναν. Η μεσαιωνική όψη του δρόμου των ιπποτών στη σκιά του παλατιού του μεγάλου αρχιτέκτονα, αλλοιώθη-κε από Σταυροφόρους και Τούρκους. Δίπλα στην είσοδο του λιμανιού, υψωνονταν "ο Κολοσσός της Ρόδου". Το 30 μέτρα υψηλό χάλκινο άγαλμα, ανήκε στα 7 θαύματα του κόσμου και καταστράφηκε πιθανώς από σεισμό, περίπου 200 χρόνια αργότερα.

Mit Kastellorizo, der östlichsten Insel der Ägäis, ist die Windrose unserer griechischen Landkarte komplett. "Megiste" hieß die "Größte" der kleinen Inseln des nur etwa 3 Kilometer von der türkischen Küste entfernten Archipels in der Antike. Man erzählt, der griechische Staat zahle den wenigen Einwohnern eine Rente, damit sie auf der Insel bleiben. Símfonos, érxome!

The compass of our Grecian map comes full circle with Castellorizo, the easternmost island of the Aegean. It was named "Megiste" as the "largest" of the small islands of the ancient archipelago which lay only some 3 kilometres distant from the Turkish coast. It is said that the Greek government pays the few inhabitants to stay on the island. Símfonos, érxome!

Castellorizo, l'île la plus à l'Est de la mer Egée complète la rose des vents de notre carte grecque. Dans l'Antiquité, on appelait «Megiste», la plus «grande» des petites îles de l'archipel éloigné seulement de 3 km des côtes turques. La légende raconte que le gouvernement grec payait une pension aux rares habitants pour qu'ils restent sur l'île. Símfonos, érxome!

Με το Καστελλόριζο το ανατολικότερο νησί του Αιγαίου συμπληρώθηκε ο γεωγραφικός χάρτης της Ελλάδας. Μεγίστη ονομαζόταν η "μεγαλύτερη" των μικρών νησιών του αρχιπελάγους της αρχαιότητας, που μόνο τρία περίπου χιλιόμετρα απέχει από τις τουρκικές ακτές. Λένε πως το ελλ. κράτος χορηγεί στους λίγους κατοίκους σύνταξη, για να παραμείνουν στο νησί. Σύμφωνος....Έρχομαι!

Die Fähre nimmt Kurs entlang der kleinasiatischen Küste Richtung Kos; der Name dieser Insel ist eng verknüpft mit Hippokrates, dem „Vater der Medizin", der um 460 v.Chr. hier geboren wurde und als erster Arzt die Behandlung der Kranken von magisch-religiösen Zwängen befreite. Auf den Terrassen der antiken Kuranlagen stehen die Reste des Asklepion-Tempels aus dem 2. Jh. v.Chr.

The ferry travels along the coast of Asia Minor towards Kos. The island's name is closely linked with Hippocrates, the "Father of Medicine", who was born here in 460 B.C. and who, as the first doctor, freed the sick from treatment by superstitious-religious zealots. The ruins of the Temple of Asklepion, dating from the 2nd century B.C., stand on the terraces of the ancient spas.

Le bateau met le cap sur Kos, le long des côtes d'Asie mineure. Le nom de cette île est étroitement lié à celui d'Hippocrates, le père de la médecine, qui y est né vers 460 av. J.-C. et fut le premier à enlever les rituels magiques et religieux des traitements médicaux. Les vestiges du temple Asklepion du 2e s. av. J.-C. se dressent à l'emplacement des thermes antiques.

Το φέρρι κατευθύνεται κατά μήκος των Μικρασιατικών ακτών προς Κω. Το όνομα του νησιού συνδέεται στενά με τον Ιπποκράτη, τον "πατέρα της Ιατρικής", που γεννήθηκε εδώ το 460 π.Χ και απελευθέρωσε σαν πρώτος γιατρός τους ασθενείς από τις θρησκευτικές πρακαταλήψεις. Στα μέρη των αρχαίων θεραπευτηρίων βρίσκονται τα απομεινάρια του τέμπλου του Ασκληπιείου από τον 2ο π.Χ. αιώνα.

Die Inselfähren steuern nach einem kurzen Halt in Karlovasi den Hafen von Samos-Stadt in Vathi an, wo sich entlang der Uferpromenade ein Touristenzentrum mit Restaurants und Geschäften entwickelt hat. Die Bucht von Pithagórion im Südosten der Insel, direkt gegenüber der kleinasiatischen Küste, wurde im 6. Jh.v.Chr. vom Tyrannen Polykrates als befestigter Hafen für das antike Samos angelegt.

After a brief stopover in Karlovasi, the island ferries steer towards the harbour of Vathi in Samos Town, a popular tourist area with many restaurants and shops. The Bay of Pithagorian, in the southeast of the island and directly opposite the coast of Asia Minor, was fashioned into a fortified harbour for ancient Samos in the 6th century B.C. by the tyrant Polykrates.

Après une courte halte à Karlovasi, les bateaux font route vers le port de Samos-ville à Vathi où un centre touristique avec restaurants et magasins s'est développé le long de la Promenade. Au 6e s. av. J.-C., le tyran Polycrates construisit un port fortifié pour l'antique Samos dans la baie de Pythagórion au Sud-Est de l'île, juste en face des côtes d'Asie mineure.

Τα φέρρι του νησιού, κατευθύνονται μετά από ένα μικρό διάλειμμα στο Καρλόβασι, στο Βαθύ, το λιμάνι της Σάμου, όπου κατά μήκος της ακτής διαμορφώθηκε ένα τουριστικό κέντρο με ρεστοράν και καταστήματα. Ο κόλπος του Πυθαγόρειου στα ανατολικά του νησιού, ακριβώς απέναντι των μικρασιατικών ακτών, μετετράπει στην αρχαία Σάμο τον 6ο π.Χ. αιώνα σε οχυρό από τον τύρρανο Πολυκράτη.

Unser Rundkurs durch die Ägäis endet in Chios; die Insel gilt als die Heimat Homers, dessen Epen aus dem 8. Jh.v.Chr. wir einen Großteil unseres Wissens um die griechische Frühgeschichte verdanken. Nur zu Fuß ist Nea Moni, eines der bedeutendsten byzantinischen Klöster mit wundervollen Mosaiken, zu erreichen. Am Tempel des Poseidon in Kap Sunion nehmen wir Abschied von Griechenland mit dem Wunsch im Herzen, bald wiederzukommen.

Our tour round the Aegean ends in Chios. The island is the home of Homer, whose Epics dating from the 8th century B.C. are the source of most of our knowledge of early Greek history. Nea Moni, one of the most outstanding Byzantine monasteries with wonderful mosaics, can only be reached on foot. At the Temple of Poseidon in Cape Sunion we bid farewell to Greece, in the heartfelt hope of returning very soon.

Notre croisière dans la mer Egée s'achève à Chios, l'île de Homère dont les épopées écrites au 8e s. av. J.-C., nous ont beaucoup appris sur l'histoire antique grecque. Nea Moni, un des plus importants monastères byzantins, aux admirables mosaïques, n'est accessible qu'à pied. Au temple de Poséïdon à Cap Sunion, nous disons adieu à la Grèce, en espérant de tout coeur y revenir bientôt.

Η περιήγησή μας στο Αιγαίο τελειώνει με τη Χίο. Το νησί θεωρείται πατρίδα του Όμηρου, στου οποίου τα έπη από τον 8ο π.Χ. αιώνα, οφείλουμε το μεταλύτερο μέρος των γνώσεων μας γύρω από την Ελ. προϊστορία. Μόνο πεζός, μπορεί κανείς να φθάσει στη Νέα Μονή, ένα από τα σημαντικότερα βυζαντινά μοναστήρια με ωραιότατα ψηφιδωτά. Στο ναό του Απόλλωνα στο Σούνιο, αποχαιρετούμε την Ελλάδα, με μια ευχή. Να ξαναγυρίσουμε γρήγορα!

Für Herodot war Grieche, wer „– der hellenischen Bluts- und Sprachgemeinschaft angehörte, mit einer gemeinsamen Lebensweise, Heiligtümern und Opferfesten". Wozu sich die Griechen der Antike nicht durchringen konnten, schafften die Hellenen des 19. und 20. Jh. – eine gemeinsame Heimat Griechenland. Entaxei!

Die Griechinnen und Griechen von heute – die müssen Sie selbst erleben bei ihren traditionsreichen Festen, beim Tavli im Kafeneion oder beim aromatischen Retsina in den Tavernen. Gastfreundschaft gilt, jeder ist bereit zu helfen, einen guten Rat zu geben oder auch nur ein freundliches Wort – efcharistó hierfür.

Dir, Giorgos, und den griechischen Freunden Dank für die Unterstützung beim Kennenlernen Eures Landes - xairete und stó kaló.

According to Herodotus, a Greek was someone who "belongs to the Hellenic brotherhood through ties of blood and language, with a common way of life, worship and sacrifice". The Hellenes of the 19th and 20th centuries managed to achieve what the Greeks of antiquity never did – a united Greek homeland. Entaxei!

Meet modern-day Greek women and men yourself – experience their very traditional festivals, playing tavli in the cafes or drinking aromatic Retsina in the tavernas. Hospitality prevails, everyone is ready to be of help, to give advice, or to exchange a friendly word – efcharistó for that.

To Giorgos and other Greek friends, thanks for your help and support in getting to know your country – xairete and stó kaló.

Pour Hérodote, un Grec était «celui qui avait du sang grec, parlait grec et partageait le style de vie, les sanctuaires et les cérémonies d'offrandes.» Les Grecs des 19e et 20e siècles ont réussi ce que les Hellènes de l'Antiquité n'ont pu accomplir: créer une Grèce unie. Entaxei!

Allez faire la connaissance des Grecs et Grecques d'aujourd'hui. Rencontrez-les au cours de leurs fêtes riches en traditions, pour le tavli au Kafeneion, ou dans les tavernes, autour d'une bouteille de retsina, leur vin si aromatique. L'hospitalité est de rigueur, chacun est prêt à aider, ne serait-ce que pour donner un bon conseil ou des paroles d'amitié. Merci pour cela, efcharistó.

A Giorgos et tous mes amis grecs, toute ma reconnaissance de m'avoir aidé à découvrir leur pays, xairete et stó kaló.

Κατά τον Ηρόδοτο, Έλληνας ήταν, ο έχων ελληνικό αίμα και ο ομιλών ελληνικά, συμμετείχε δε σ' ένα αμοιβαίο τρόπο ζωής άδυτα και εορτές θυσιών. Γι' αυτό που δεν θέλησαν ν' αγωνιστούν οι Αρχαίοι, επέτυχαν οι Έλληνες του 19ου και 20ου αιώνα: Μια κοινή πατρίδα για όλους.

Στο βιβλίο αυτό αναφερθήκαμε πολύ λίγο στους Νεοέλληνες. Είναι αξιοθαύμαστο να τους ζει κανείς στο καφενείο π.χ. ή σ' ένα ταβερνάκι να πίνουν ρετσίνα α ή ακόμη στις παραδοσιακές τους γιορτές. Χαραχτηριστική είναι η φιλοξενία που τους διακρίνει, η προθυμία τους για εξυπηρέτηση, αλλά και κάποια πληροφορία που θα δώσουν, συνοδεύεται πάντα με μια καλή κουβέντα.

Ευχαριστώ το Γιώργο και τους Έλληνες φίλους, που βοήθησαν να γνωρίσω την πατρίδα τους. Χαίρετε και στο καλό.